GInA

Gestaltung von Interaktions-
gelegenheiten im Alltag

Dörte Weltzien
Christina Bücklein
Anne Huber-Kebbe

GInA

Gestaltung von Interaktionsgelegenheiten im Alltag

Unter Mitarbeit von
Lisa Bauer, Judit Schreiner, Nele Seevers, Monique Wagner

Ein Kita-Praxisbuch

HERDER
FREIBURG · BASEL · WIEN

MIX
Paper | Supporting responsible forestry
FSC® C084698

Überarbeitete Neuausgabe 2024

www.herder.de

Umschlagkonzeption: SchwarzwaldMädel, Simonswald
Covermotive und Motive Innenteil: © KatyaKatya/stock.adobe.com
Gesamtgestaltung: Sabine Ufer, Leipzig

Fotos S. 47, 71, 74, 85, 109: © Pixabay
Fotos S. 67: © Anne Huber-Kebbe
alle anderen Fotos: © Harald Neumann, Freiburg
Zeichnung S. 64: © Lena, Ben & Max Günthner

Herstellung: PNB Print Ltd., Jansili
Printed in Latvia

ISBN Print 978-3-451-39779-0
ISBN E-Book (EPUB) 978-3-451-83286-4
ISBN E-Book (PDF) 978-3-451-83280-2

Inhaltsverzeichnis

Vorwort zur zweiten Auflage

Sechs Jahre ist es nun schon her, seit wir das GInA-Praxisbuch geschrieben haben. Sechs Jahre, in denen das Thema der feinfühligen Interaktionsgestaltung in pädagogischen Beziehungen nichts an Bedeutung verloren hat. Auch wenn wir alle wissen, dass positive Interaktionen alle Beteiligten gesünder und glücklicher machen, sind die Fähigkeit und Kraft hierfür nicht immer vorhanden. Es gibt widrige Bedingungen, die GInA – also die Gestaltung von Interaktionsgelegenheiten im Alltag – beeinträchtigen. Bei Ärger, Müdigkeit, Frustration, Stress und Überforderung erkennen wir nicht mehr die Gelegenheiten zur Gestaltung von Interaktionen, die der pädagogische Alltag eigentlich jederzeit und überall bereithält. Dann können wir uns auf die spannenden Themen, Fragen und Wünsche der Kinder nicht mehr einlassen und gehen auf emotionale Distanz. Wir spüren ihre Sorgen, Ängste und Nöte nicht mehr.

Das GInA-Praxisbuch enthält keine Rezeptur gegen schlechte Stimmungen und ungesunde Arbeitsbedingungen. Aber GInA macht Mut, sich (wieder) als aktiv Gestaltende zu erleben, die die Gruppenatmosphäre positiv verändern können. Als Gestaltende, die sich auf die kleinen Momente des Alltags einlassen können, in denen Nähe und Gemeinsamkeit möglich sind. Die die Kinder in ihrer einzigartigen Persönlichkeit anerkennen, sie durch Krisen begleiten, in ihrem Können ermutigen und in ihrem Selbstwert bestärken. GInA ist kein Zauberstab, denn Veränderungen brauchen Geduld. Aber die 22 GInA-Merkmale bieten einen Kompass in die richtige Richtung.

Seit Erscheinen der ersten Auflage des Praxisbuchs bekommen wir in der Aus- und Weiterbildung, in der Qualitäts- und Teamentwicklung und in praxisorientierten Forschungsprojekten die Rückmeldung, wie wichtig gute Instrumente zur Beobachtung, Reflexion und Evaluation von Interaktionen zwischen Fachkräften und Kindern sind. GInA wird von jungen Menschen, die gerade mit der Ausbildung begonnen haben, genauso geschätzt wie von Menschen, die mit ganz unterschiedlichen Lebenserfahrungen ihren Weg in die Kita gefunden haben. Das Konzept wird in kindheitspädagogischen Hochschulstudiengängen und sozialpädagogischen Fachschulen eingesetzt, ebenso wie in Qualitätsprojekten von Trägern, Leitungsrunden und Teams. GInA wird oftmals verknüpft mit den stärkenorientierten Beobachtungs- und Dokumentationsverfahren in der Einrichtung, aber auch mit Themen wie Inklusion und Bindung, Kinderrechten und Kinderschutz. GInA ist kultur- und vielfaltssensibel und setzt sich klar gegen Ausgrenzung, Beschämung und Diskriminierung sein. Auch wenn wir das Praxisbuch mit Blick auf die Gestaltung der Fachkraft-Kind-Interaktionen geschrieben haben, bekommen wir viele Rückmeldungen, dass die GInA-Merkmale ebenso gut unter Erwachsenen anwendbar sind. Wir hoffen deshalb, dass Sie Ihren persönlichen Weg mit GInA gehen werden. Schreiben Sie uns, wohin Sie dieser Weg gebracht hat. Wir sind gespannt!

Dörte Weltzien Christina Bücklein Anne Huber-Kebbe

1 Unsere „Gebrauchsanleitung" für das Buch

Herzlich willkommen! Wir freuen uns auf eine gemeinsame Forschungsreise in Ihren pädagogischen Alltag. Denn darum wird es gehen: die eigene Praxis, die eigenen Interaktionen mit Kindern mithilfe einer besonderen methodischen „Brille" neu und wieder zu entdecken. Häufig nehmen wir das, was uns selbstverständlich erscheint, nicht mehr als etwas Besonderes wahr. Und obwohl wir wissen, wie wichtig vertrauensvolle und wohltuende Beziehungen für Kinder sind, wird die tägliche Beziehungsarbeit von uns selbst oder auch von anderen oftmals nicht richtig wertgeschätzt.

Tatsächlich sind diese Beziehungen die Grundlage und der Kern der pädagogischen Arbeit: Ohne das Gefühl, in Beziehungen eingebettet zu sein und dazuzugehören, können sich Kinder nicht auf das gemeinsame Spiel mit anderen einlassen, und auch Bildungsangebote gehen buchstäblich an ihnen vorbei. Es lohnt sich also, sich einmal systematisch mit den Aspekten dieser Beziehungsgestaltung auseinanderzusetzen. Bei genauer Betrachtung lassen sich typische Merkmale in den alltäglichen Kontakten und Interaktionen mit Kindern finden, die das Potenzial haben, gute Beziehungen mit ihnen aufzubauen und diese kontinuierlich weiterzuentwickeln.

Dieses Praxishandbuch für die Arbeit mit GInA (Gestaltung von Interaktionsgelegenheiten im Alltag) bietet Ihnen hierfür zahlreiche Möglichkeiten:

- Anregungen, Interaktionserfahrungen unter die Lupe zu nehmen
- Unterstützung, die neuen Erkenntnisse in die eigene Praxis zu übertragen
- Impulse, um die Erkenntnisse mit Kolleg*innen (in der pädagogischen Praxis oder Aus- und Weiterbildung) zu teilen

Das GInA-Praxishandbuch eignet sich sowohl für Einsteiger*innen als auch für langjährige Expert*innen gut dazu, sich mit dem Thema „Beziehungs- und Interaktionsgestaltung" vertieft auseinanderzusetzen. Es gibt aber eine Voraussetzung, damit sich diese Auseinandersetzung auch wirklich lohnt: Sie sollten einen stärkenorientierten Blick auf sich selbst einnehmen und sich darauf freuen, Ihre eigene Handlungspraxis (wieder) zu entdecken. Unserer Erfahrung nach neigen wir dazu, sehr kritisch mit uns selbst umzugehen. So sehr wir darin geübt sind, die Ressourcen der Kinder zu erkennen, so schwer fällt es uns manchmal, unsere eigenen Stärken zu erkennen und zu benennen.

Und auch die Stärken der Teamkolleg*innen in der Gestaltung von Beziehung und Interaktion geraten immer wieder aus dem Blick, weil der Alltag manchmal sehr anstrengend und auch herausfordernd sein kann. Dieses Buch wird Ihnen helfen, stärkenorientiert vorzugehen, indem es die alltäglichen Interaktionen in ihre bedeutsamen Merkmale aufschlüsselt, sodass sie bei der Reflexion der eigenen Praxis besser sichtbar werden.

Wenn Sie sich darauf einlassen, werden Sie merken, dass Ihr Alltag voller positiver Interaktionsgelegenheiten und Beziehungspotenziale steckt. Sie werden die Bedeutung dieser kleinen Momente (wieder) wertschätzen können. Sie werden neue Ideen bekommen, wie Sie diese Momente gestalten können, um sie für die Kinder und sich selbst zu wertvollen

Momenten werden zu lassen. Und Sie werden merken, dass Sie viele Gestaltungsspielräume haben: Die Art und Weise, wie Sie Interaktionen gestalten, bestimmen Sie selbst. Die Möglichkeiten, bei den Kindern damit etwas Gutes bewirken zu können, sind überall und jederzeit vorhanden. Trauen Sie sich, die kritische Brille abzusetzen und den Alltag aus einem neuen Blickwinkel zu entdecken!

Bei dieser „neuen Brille" helfen Ihnen die 22 GInA-Merkmale, die wir ausführlich in den Kapiteln 3, 4 und 5 beschreiben. Auch die drei Exkurse zur videogestützten Beobachtung (Exkurs I), videogestützten Analyse (Exkurs II) und Reflexion (Exkurs III) unterstützten die konkrete Auseinandersetzung mit dem GInA-Verfahren und helfen Ihnen dabei, hierfür Räume in Ihrer konkreten pädagogischen Praxis zu schaffen.

Zusätzlich finden Sie die 22 GInA-Merkmale als Karten zum Download (s. Methodischer Hinweis). Wir haben sehr gute Erfahrungen gemacht, mit diesen Karten im Team zu arbeiten. Sie eignen sich sowohl für den ersten Einstieg als auch für die kontinuierliche Team- und Qualitätsentwicklung oder in der Aus- und Weiterbildung, um einen gleichsam „leichten" wie fachlich gehaltvollen Zugang zu der GInA-Methode zu finden.

Methodischer Hinweis

Laden Sie auf **www.herder.de/extras** die 22 GInA-Karten im praktischen DIN-A5-Format herunter. Mit den Kurzbeschreibungen auf der Rückseite jeder Karte erhalten Sie einen Überblick über alle GInA-Merkmale und können sie vielfältig in der Teamarbeit einsetzen.

Das GInA-Praxishandbuch nähert sich Stück für Stück einer beziehungsförderlichen, auf Dialog und Partizipation ausgerichteten Handlungspraxis. Es ist wie ein Lesebuch mit Kurzgeschichten aufgebaut: Möchte man beispielsweise die GInA-Methode gut kennenlernen, kann man sich über einen selbst gewählten Zeitraum täglich mit einem GInA-Merkmal oder mit methodischen Aspekten beschäftigen. Einstiegsimpulse und Reflexionsfragen bilden eine Klammer für den Tag. Ebenso gut lässt sich das Buch aber auch querlesen. So können Sie gezielt die fachlichen Impulse zu jeweils einem Merkmal lesen (Symbol: ▷) oder einen Blick in die Exkurse zur Methodik (I: Beobachtung, II: Reflexion, III: Transfer) werfen, wenn gerade dies bei Ihnen das größte Interesse auslöst.

Auch wenn das GInA-Instrument erst mit den 22 Merkmalen wirklich vollständig ist, können Sie sich zunächst einzelnen Schwerpunkten widmen oder mit Merkmalen beginnen, die Sie besonders neugierig machen. Fühlen Sie sich frei, den Weg und das Tempo Ihrer Entdeckungsreise zu bestimmen; machen Sie von Zeit zu Zeit eine Verschnaufpause und schauen Sie sich in Ihrem Umfeld um:

- Erkennen Sie etwas wieder von dem, was Sie gerade gelesen haben?
- Welche Gedanken beschäftigen Sie gerade?
- Welche Gefühle und Ideen entwickeln sich?

Entdecken Sie etwas Neues, Überraschendes oder Unerwartetes, dann sind Sie auf dem richtigen Weg!

2 Der Weg zu GInA

Die Reise beginnt

Das Beobachtungs- und Reflexionsinstrument GInA hat seinen Ursprung in einem mehrjährigen Praxisforschungsprojekt zusammen mit Pforzheimer Kindertageseinrichtungen.[1] Ziel dieses Projekts war es, Fachkraft-Kind-Interaktionen systematisch daraufhin zu analysieren, wie sich die Gesprächs- bzw. Interaktionsbereitschaft der Fachkraft, ihr methodisches Repertoire und ihre pädagogischen Wissensbestände in konkreten Interaktionen mit Kindern ausdrücken.

Ausgangspunkt für die GInA-Methode:

> „Erst durch die Interaktion mit ihrer Umwelt können Kinder die zentrale Erfahrung von Bindung und Zugehörigkeit machen, die zu einem positiven Selbstwertgefühl beiträgt. Auch werden die Grundlagen für eine gesunde seelische Entwicklung des Kindes, ein positives Selbstkonzept, die Fähigkeit zur Selbststeuerung und die Erfahrung von Selbstwirksamkeit über die interaktiven Erfahrungen mit Bezugspersonen und anderen befördert." (Weltzien, 2016, S. 6)

Das Qualitätsentwicklungsprojekt beinhaltete die Entwicklung und Implementierung von Beobachtungs- und Reflexionsmethoden, evaluierte aber auch den Entwicklungsprozess. Neben der videogestützten Beobachtung kamen deshalb sowohl leitfadengestützte Einzel- und Gruppeninterviews mit den teilnehmenden Fachkräften als auch die schriftliche Befragung zu Fachkraft-Kind-Interaktionen, zur allgemeinen Gruppenatmosphäre und zu Kontextfaktoren zum Einsatz (Weltzien, 2013).

Indem mit den am Projekt beteiligten Fachkräften ein fachlicher Austausch über die videografierten Interaktionsverläufe und deren Merkmale stattgefunden hatte, konnten in einem mehrstufigen Prozess typische Merkmale der Interaktionen zwischen Fachkraft und Kind(ern) formuliert und systematisiert werden. Diese Merkmale wurden hinsichtlich ihrer beziehungsförderlichen, entwicklungs- und lernpsychologischen Relevanz überprüft und in einer weiteren Erprobungsphase weiter ausdifferenziert. Mithilfe von statistischen Verfahren wurden schließlich drei Skalen gebildet, die auch in Forschungsprojekten einsetzbar waren (Weltzien, 2014).

---

1 An dieser Stelle möchten wir uns noch einmal bei dem Trägervertreter, den Leitungen und Teams der städtischen Kindertagesstätten in Pforzheim für die spannende und wertvolle Zusammenarbeit herzlich bedanken!

Auf dem Weg: aus der Praxis in die Praxis

Wie der Entwicklungsprozess des GInA-Verfahrens zeigt, legte das Forschungsteam viel Wert auf eine enge Verknüpfung von ethnografischen bzw. rekonstruktiven Zugängen einerseits und statistischen Analysen andererseits. Der gesamte Entwicklungsprozess erfolgte deshalb in enger Zusammenarbeit mit der Fachpraxis. Dies spiegelt sich auch in dem Erfolg von GInA wider: Das Instrument wurde bereits in zahlreichen Qualitätsentwicklungsprojekten sowie in der Prozessbegleitung von Teams[2] verwendet. Zunehmend kommt es inzwischen auch in der Aus- und Weiterbildung zum Einsatz; so werden seit 2015 Multiplikator*innenschulungen angeboten und die Methode der videogestützten Beobachtung und Reflexion wird in Fach- und Hochschulen eingesetzt (weitere Informationen unter: www.zfkj.de/gina).

2016 wurde das ursprüngliche GInA-Instrument für Forschungs- und Evaluationszwecke durch eine Forschergruppe am Zentrum für Kinder- und Jugendforschung (ZfKJ) an der Evangelischen Hochschule Freiburg weiterentwickelt und die Merkmals-Skala angepasst. Auch hier erfolgte wieder ein umfangreicher Praxistest, durchgeführt mittels Analysen von Videosequenzen[3] aus verschiedenen laufenden Projekten. Die Ergebnisse dieser Weiterentwicklung sind in das Evaluationsinstrument „GInA-E" eingeflossen, das in einem Manual ausführlich beschrieben wird (Weltzien et al., 2017).

Die aktuelle GInA-Skala und ihre Anwendungsmöglichkeiten

Das Ihnen nun vorliegende Praxisbuch bezieht sich auf die neue GInA-Version mit drei Skalen und 22 Merkmalen. GInA-Kenner*innen können bei der Betrachtung der Merkmale feststellen, dass das Instrument im Vergleich zur früheren Version im Wesentlichen unverändert geblieben ist. So führt die neue Skala lediglich einige Merkmale der alten zusammen, wodurch die Bezeichnungen leicht abweichen. Die aktuellen Merkmale werden zu den drei Dimensionen „Beziehung gestalten", „Denken und Handeln anregen" sowie „Sprechen und Sprache anregen" zusammengefasst (s. Abbildung 1).[4]

Mit GInA und der Entwicklung der Skalen ist so schließlich ein videogestütztes Verfahren entstanden, das sich sowohl für die Qualitätsentwicklung in der Praxis als auch für die Aus- und Weiterbildung eignet.

---

2 Vgl. „1, 2, 3 – Die Jüngsten im Blick" (Weltzien & Bücklein, 2015), „Innopäd U3" (Fröhlich-Gildhoff, Hoffer & Bensel, 2017), „HeVeKi" (Fröhlich-Gildhoff et al., 2014, 2017a,b).

3 Hierfür wurden 145 Filmsequenzen nach GInA ausgewertet.

4 In der ursprünglichen Version wurden die insgesamt 28 Merkmale unter den 3 Skalen „Gesprächsbereitschaft", „Gestaltung der Interaktion" und „Aktivierung von Fachwissen" zusammengefasst (Weltzien et al., 2017).

Hinweis: Mit dem validierten Instrument GInA-E liegt auch eine Variante für Forschungs- und Evaluationszwecke vor. Beide Varianten (GInA und GInA-E) beziehen sich auf dieselben fachlichen Grundlagen einer qualitativ hochwertigen Gestaltung von Fachkraft-Kind-Interaktionen in pädagogischen Kontexten. Nur die Anwendung unterscheidet sich je nach Zielsetzung: Während das Verfahren in Praxiszusammenhängen zur Analyse und Reflexion anregen und den fachlichen Austausch im Team unterstützen soll, geht es in Forschungsprojekten um vergleichende Einschätzungen zur Interaktionsgestaltung, beispielsweise als Vorher-Nachher-Vergleich in Qualitätsentwicklungsprogrammen.

In diesem Praxisbuch liegt der Fokus ausdrücklich auf der Anwendung in der Praxis bzw. in der Aus- und Weiterbildung. Es geht nicht um die Einschätzung bzw. Bewertung von Interaktionshandeln, sondern darum, ein vertieftes Verständnis für die Bedeutung und die Möglichkeiten der Interaktionsgestaltung zu bekommen. Ziel dieser Auseinandersetzung ist deshalb das Sichtbarmachen von alltagstypischen Interaktionen, die oftmals im Verborgenen bleiben. Indem diese systematisch analysiert und mit dem theoretischen und erfahrungsbasierten Wissen verknüpft werden, kann der Wert dieser Interaktionen erkannt und begründet werden.

Die folgenden Kapitel führen Sie deshalb schrittweise durch die verschiedenen Merkmale und geben Ihnen anhand der Dimensionen „Beziehung gestalten" (Skala 1: Merkmal 1 bis 11), „Denken und Handeln anregen" (Skala 2: Merkmal 12 bis 18) und „Sprechen und Sprache anregen" (Skala 3: Merkmal 19 bis 22) umfassende Praxisanregungen für die Interaktion mit direkt Beteiligten und Zaungästen (s. Abbildung 1).

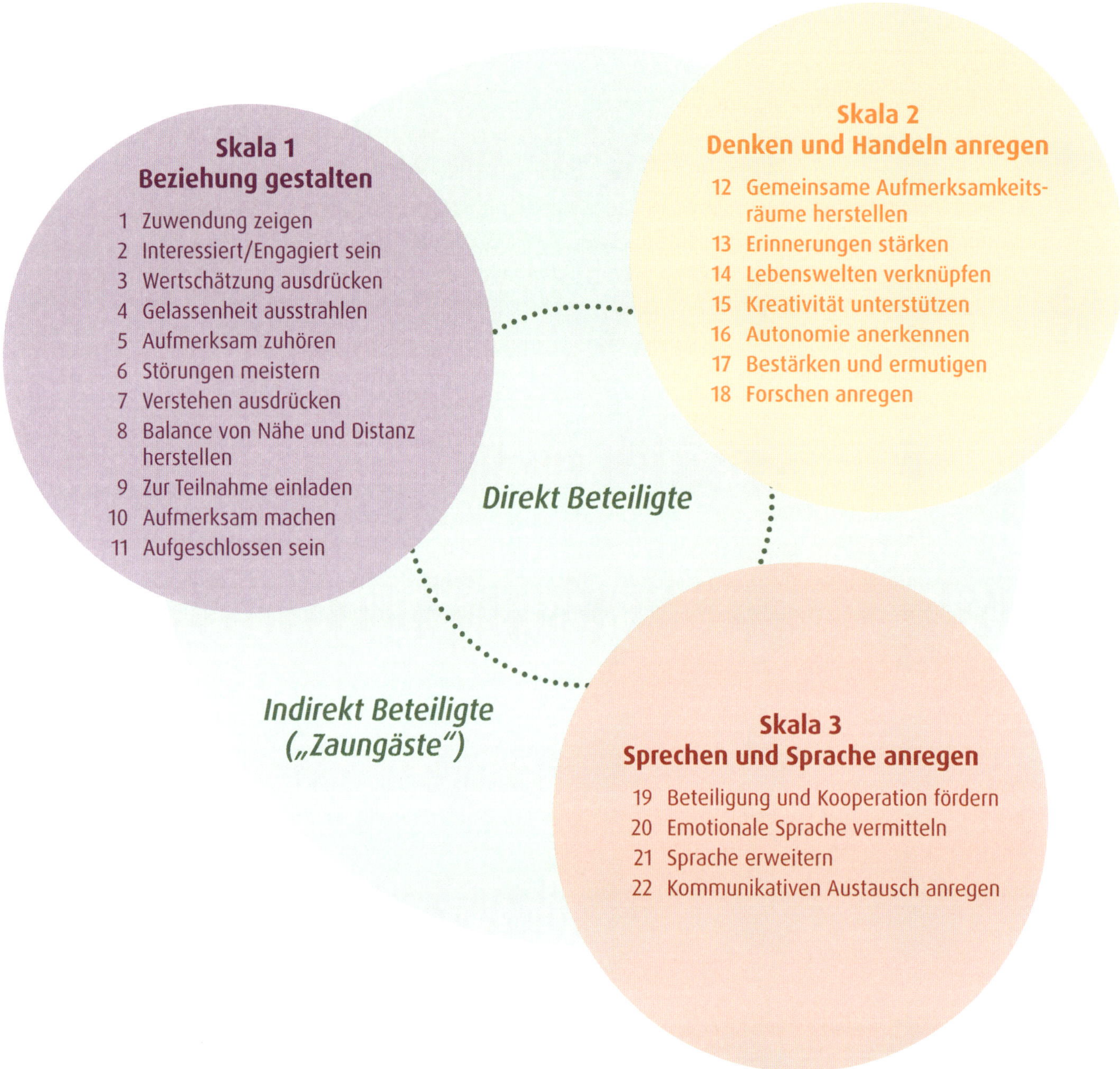

Abbildung 1: Überblick über die 22 Merkmale der GInA-Skalen

Die aus dem Prozess gezogenen Erkenntnisse unterstützen Sie, die Praxis der Interaktions- und Beziehungsgestaltung im eigenen pädagogischen Alltag bewusster wahrzunehmen und Ihr Repertoire an kindorientierten und situationsangemessenen Gestaltungsmöglichkeiten zu erweitern.

3 Beziehung gestalten

Die GInA-Merkmale 1 bis 11 – Skala 1

Zuwendung zeigen

Den Faden aufnehmen

Mit einem Lächeln bist du immer gut angezogen.

Unbekannt

Wann haben Sie das letzte Mal einer fremden Person zugelächelt und sich über ihre Reaktion gefreut?

Fachlicher Impuls

Eine warmherzige, feinfühlige, empathische Grundhaltung sowie eine liebevolle und von emotionaler Wärme geprägte Kommunikation sind wichtige Voraussetzungen dafür, dass sich Kinder in einer Situation wohlfühlen. Das Merkmal ‚Zuwendung zeigen' nimmt daher alle Signale in den Blick, die auf die Bereitschaft der Fachkraft hinweisen, mit Kindern in Kontakt zu treten. Diese Signale können sich beispielsweise als Anschauen, Hinwenden, Staunen oder Lächeln zeigen. Wichtig ist, in der Zuwendung kongruent (also stimmig) zu sein und auch feinfühlig auf die Heterogenität der Kinder, ihre individuellen Verhaltensweisen und Kompetenzen einzugehen.

Meine Resonanz zu diesem Impuls

Wenn Sie an Ihre beruflichen und persönlichen Kontakte denken: An welchen Erkennungszeichen nehmen Sie „warmherziges" Verhalten wahr? Was löst es in Ihnen aus, einem warmherzigen Menschen zu begegnen? Wurden Sie schon einmal unerwartet mit Warmherzigkeit beschenkt?

Der kleine Laborversuch

Gibt es jemanden in Ihrem pädagogischen Alltag, bei dem Sie das Merkmal ‚Zuwendung zeigen' häufig beobachten können? Beobachten Sie doch auch einmal die Reaktionen derjenigen, denen diese Zuwendung zuteil wird.

Zuwendung zeigen

Den Faden aufnehmen

SCHMETTERLINGSEFFEKT

Der „Schmetterlingseffekt" beschreibt dynamische Systeme und äußert sich dadurch, dass nicht vorhersehbar ist, in welchem Maß sich beliebig kleine Änderungen der Anfangsbedingungen langfristig auf das gesamte System auswirken. Eindrucksvoll veranschaulicht diesen Effekt das Wetter. Der Begriff geht auf den US-amerikanischen Meteorologen Edward N. Lorenz zurück, der sich mit Wetterphänomenen beschäftigte und der Frage nachging, welche winzigen Bewegungen – z. B. der Flügelschlag eines Schmetterlings – sehr große Veränderungen bewirken können.

Fachlicher Impuls

Die Grundhaltung der Fachkraft hat nicht nur auf die unmittelbare Gesprächssituation mit Kindern positive Auswirkungen. Zahlreiche Studien belegen, dass die Warmherzigkeit, Feinfühligkeit und Empathie, die von der Fachkraft ausgestrahlt wird, sich auf die gesamte Gruppenatmosphäre günstig auswirkt. So sind die Kinder entspannter und weniger gestresst, wenn die Grundatmosphäre in der Gruppe durch Warmherzigkeit, Feinfühligkeit und Empathie geprägt ist (Ahnert, 2007; Ahnert et al., 2006). Positive Wirkungen ergeben sich auch für die Interaktion der Kinder untereinander. Die Peerbeziehungen – also beispielsweise die Spiele und Kooperationen der Kinder untereinander – halten länger, sind intensiver und friedlicher. Als Grund dafür wird angenommen, dass sich die Kinder als Teil der Gruppe wohlfühlen, also das Wir-Gefühl in der Gruppe unterstützt wird. Auch orientieren sie sich an dem Kommunikationsverhalten der Erwachsenen („soziales Lernen", Bandura, 1986). Gehen von ihnen freundliche, empathische Signale aus, bestimmt dieses „warme" Kommunikationsklima die ganze Gruppe – auch wenn es natürlich immer auch einmal Streit und Krach gibt. Die positive Grundhaltung der Fachkraft – niemand muss Angst davor haben, Zuwendung zu verlieren – trägt gerade in Konfliktsituationen dazu bei, dass negative Emotionen besser reguliert und konstruktive Lösungen eher gefunden werden können.

Meine Resonanz zu diesem Impuls

Wenn Sie an die Atmosphäre in Ihrem Gruppen-/Funktionsraum denken: Welches Klima haben Sie in der letzten Woche erlebt? Können Sie spontan drei zutreffende Begriffe benennen? Wie geht es Ihnen selbst in diesem Klima? Was ist Ihre persönliche „Wohlfühl-Klimazone"?

Der kleine Laborversuch

Erproben Sie doch einmal den „Schmetterlingseffekt" in Ihrer Einrichtung: Wenden Sie sich einer neuen Person oder Gruppe ganz bewusst zu – beispielsweise einem Elternteil, einem Kind oder eine*r Kolleg*in, die Sie noch nicht gut kennen, und beobachten Sie die Reaktionen. Was stellen Sie fest?

Zuwendung zeigen

Den Faden aufnehmen

Es kann nur dann ein Lächeln aus dem Spiegel schauen, wenn ein Lächelnder hineinschaut.

Aus China

Fachlicher Impuls

Woran machen sich Signale der Zuwendung in einer konkreten Situation mit Kindern bemerkbar? Es gibt eindeutige, allgemeine Zeichen für Freundlichkeit, Feinfühligkeit und Warmherzigkeit, die auch universell über alle Lebensalter erkannt werden. Zuwendung erkennen die Kinder daran, dass man sie freundlich anschaut, sich in der Körperhaltung zu ihnen hinwendet, mit ihnen gemeinsam staunt oder lacht. Zuwendung kann auch – wenn es sich aus der Situation heraus gerade ergibt – über eine längere Entfernung gegeben werden (winken, zunicken, Zeichensprache). Das bedeutet, hier geht es nicht um die allgemeine Grundhaltung der Zuwendung (sicherlich eine der zentralen Leitorientierungen in der Pädagogik überhaupt), sondern um die ganz konkrete, emotional positiv gefärbte Zuwendung in einer bestimmten Situation, die das Kind gerade erlebt. Denn damit erlebt es sich selbst auch als positiv und wichtig.

Meine Resonanz zu diesem Impuls

Was wird dem Kind vermittelt, wenn Sie sich ihm morgens beim Ankommen in der Kita zuwenden?

Der kleine Laborversuch

Wir alle senden also immer Signale an andere aus – ob wir wollen oder nicht. Schauen Sie sich einmal „über die Schulter" – oder fragen Sie Ihre*n Kolleg*in, der/die Sie am besten kennt: Welches ist ein ganz typisches Signal in Ihrer Mimik oder Gestik?

Zuwendung zeigen

Den Faden aufnehmen

EINDRÜCKLICH

Als meine Tochter 3½ Jahre alt war, fuhren wir mit ihr nach Italien. An einer Raststätte machten wir Pause. Meine Tochter stand an einem Schmuckständer mit vielen bunten Ketten und Armbändern, als neben ihr der Tankwart und ein Motorradfahrer wild gestikulierend und laut miteinander zu sprechen begannen. Meine Tochter rannte mit entsetztem Gesichtsausdruck zu mir: „Mama, die Männer streiten!" Tatsächlich dachten die beiden Männer jedoch nur darüber nach, welches Motoröl das richtige sei.

Fachlicher Impuls

(Unbewusste) Signale der Uneindeutigkeit (z.B. Stirnrunzeln, strenger Blick) wirken, auch wenn sie nicht „böse" gemeint sind, auf die Kinder verunsichernd. Dies lässt sich z.B. daran beobachten, dass sie sich abwenden oder sich aggressiv und ablehnend verhalten. Das Verstehen von Signalen der Interaktion ist erfahrungsabhängig – jedes Kind bringt einen „Rucksack" voller Interaktionsgeschichten mit in die Kita. Diese sind familiär und kulturell sehr unterschiedlich geprägt. Da ihnen selbst gar nicht bewusst ist, dass sich ihr kommunikatives Verstehen von dem anderer Kinder unterscheidet, können sich Missverständnisse und Fehlverhalten verfestigen. Verstehen sie unsere Blicke beispielsweise nicht als aufmerksame Zuwendung, sondern als Kontrolle, werden sie folgerichtig weggehen. Vielleicht verstehen sie unsere freundlichen Kommunikationsangebote aber auch als Einladung, einen intensiven Kontakt zu suchen – weil sie z.B. wenig beziehungsgesättigt sind und großen Nachholbedarf an Zuwendung haben; die Balance zwischen Nähe und Distanz muss sich daher erst einspielen. Auch hier ist es also erforderlich, das Versprechen einzulösen, jedem Kind seinen Bedürfnissen entsprechend mit einer warmherzigen, empathischen Grundhaltung zu begegnen. Können sich die Kinder immer wieder dieser Zuwendung versichern, werden sie über kurz oder lang keine wiederkehrende Bestätigung mehr benötigen und es schaffen, sich stärker ihrer Umwelt zuzuwenden. Die Beziehung zu Ihnen als Bezugsperson ist dann auf einer sicheren Grundlage hergestellt.

Meine Resonanz zu diesem Impuls

Waren Sie schon einmal in einem Land, in dem Sie die Sprache nicht verstanden haben? Oder in dem vielleicht sogar der körperliche Ausdruck anders gelebt wurde als in Ihrer Herkunftskultur? Wie hat die Kommunikation funktioniert? Gab es Missverständnisse?

Der kleine Laborversuch

Achten Sie einmal bewusst auf ein Kind, das sich im Sprachaufbau befindet. Worauf achtet das Kind besonders? Woran orientiert es sich? Wann und wie kommt es zum „Verstehen"? Wann sind Sie sicher, dass Sie sich verstanden haben?

Interessiert/Engagiert sein

Den Faden aufnehmen

Fachlicher Impuls

Wer ein echtes Interesse daran hat, Interaktionen mit Kindern zu initiieren oder aufrechtzuerhalten, kann allein über dieses Interesse viel Positives bewirken. So unterstützen das Interesse und die Engagiertheit von Bezugspersonen die emotionale Involviertheit von Kindern: Sie können sich stärker auf eine Situation einlassen (Laevers et al., 1999; Carr & Claxton, 2002) und auf ihre soziale Umgebung eingehen. Das Merkmal ‚Interessiert/Engagiert sein' kann sich im Kita-Alltag in vielfältiger Weise ausdrücken, beispielsweise indem eine Fachkraft großes Interesse an den Aktivitäten/Äußerungen der Kinder zeigt. Oder sie nimmt Anteil an dem, was die Kinder tun oder sagen (möchten), und begleitet sie dabei. Je nach Situation äußern sich Interesse und Engagiertheit aber auch eher in besonderer Ruhe und Entspannung.

Meine Resonanz zu diesem Impuls

Woran merken Sie, dass sich jemand für Ihre Themen und Aktivitäten interessiert? Welche Gefühle kommen bei Ihnen auf, wenn Sie echtes Interesse an Ihnen spüren?

Der kleine Laborversuch

Beobachten Sie einige Minuten, mit welchen Spielideen ein oder mehrere Kinder gerade intensiv beschäftigt sind. Vielleicht entdecken Sie dabei eine Spielsituation, die Ihnen „merk- oder fragwürdig" erscheint. Zeigen Sie den Kindern durch situationsangemessene Fragen, dass Sie sich für die Idee dieses Spieles interessieren. Ermöglichen Sie den Kindern in aller Ruhe, ihr Spiel zu beschreiben. Versuchen Sie, sich von der Spielfreude und Begeisterung der Kinder anstecken zu lassen. Probieren Sie es einfach einmal aus!

Interessiert/Engagiert sein

Den Faden aufnehmen

Kinder sind wie Blumen: Man muss sich zu ihnen niederbeugen, wenn man sie erkennen will.

Friedrich Fröbel

Fachlicher Impuls

Während sich in ungewohnten, überraschenden und beeindruckenden Situationen intuitiv bei den erwachsenen Bezugspersonen ein „natürliches" Interesse entfaltet, weil man neugierig wird und etwas Neues vom Kind lernen oder erfahren möchte, gibt es viele tägliche Routinen und Abläufe, in denen „das Neue" nicht unmittelbar auf der Hand liegt. Dennoch sind es ja gerade alltägliche Situationen, in denen es für die Kinder wichtig ist, interessierte und engagierte Begleiter*innen zu haben. Wenn Kinder sich in einem hohen emotionalen Erregungszustand befinden, weil sie eine Situation begeistert oder auch erschreckt oder wütend macht, können sie in solchen Situationen Ihr Interesse und Ihre Engagiertheit gut gebrauchen, um sich geborgen und unterstützt zu fühlen. Ein wichtiger Motor für ein hohes Engagiertheitsniveau im beruflichen Alltag ist also das Interesse an den einzelnen Kindern und ihren Entdeckungsreisen. Wenn wir uns bewusst machen, dass jede Entdeckung für das Kind vollkommen neu ist (auch die Entdeckung der Wiederholung!), wird die beziehungsvolle Begleitung dieser Entdeckungen und der damit verbundenen Gefühle immer wieder spannend und im positiven Sinne herausfordernd.

Meine Resonanz zu diesem Impuls

Welche Bedeutung hat der „Waschraum" in Ihrer Kita für Sie? Ein Ort der Reinigung – ein Wasch-Raum? Ein Spielplatz, ein Spaß- und Erlebnisraum? Ein Ort für Forschung – ein Wasserlabor? Ein Ort für kreatives Gestalten – eine Kreativwerkstatt? Und welche Bedeutung mag der Waschraum für die Kinder haben?

Der kleine Laborversuch

Stellen Sie sich vor, Sie wären unsichtbar und unhörbar im Waschraum Ihrer Kita. Seien Sie aufmerksam, aber machen Sie nicht auf sich aufmerksam. Was würden Sie erleben? Gehen Sie nun wirklich in den Waschraum und beobachten Sie das Geschehen: Erleben Sie Kinder als Forschende, Entdeckende, Kreative? Können Sie deren Engagiertheit nachspüren? Können Sie Ihr Interesse daran äußern, was die Kinder tun? Wie reagieren sie?

Interessiert/Engagiert sein

Den Faden aufnehmen

Wo ein Begeisterter steht, da ist der Gipfel der Welt.
Joseph Freiherr von Eichendorff

Fachlicher Impuls

Kinder hungern nach Herausforderungen und Abenteuern. Wie kann es gelingen, sie dabei emotional feinfühlig und engagiert zu begleiten? Wie zeigt sich ein lebendiges Interaktionsverhalten, das mit der Engagiertheit der Kinder in Einklang steht (kein Aktivismus)? Wie kann Kindern ausreichend Raum gegeben werden, in dem sie sich entfalten können, und wie kann das eigene Verhalten daraufhin überprüft werden, ob es auf die Kinder zu dominant oder zu passiv wirkt? Am besten gelingt dies mithilfe eines konsequenten Perspektivenwechsels: Wir nehmen den Standpunkt des Kindes ein, gehen – im wörtlichen Sinne – auf seine Augenhöhe, nehmen seine Blickrichtung ein, versuchen zu entdecken, was es gerade entdeckt, erfunden oder konstruiert hat. Wir versuchen auch nachzuspüren, welche Gefühle dabei im Spiel sind; wir versuchen, diese Gefühle so weit wie möglich auszudifferenzieren (hierzu haben wir aufgrund unseres emotionalen Erfahrungsreichtums deutlich mehr Möglichkeiten als das Kind); wir versuchen, die häufig mit neuen Situationen (wie sie das Kind gerade erlebt) verbundenen ambivalenten Gefühle zu entdecken, und interessieren uns für die ganz besondere Art und Weise eines jeden Kindes, sein subjektives Erleben auszudrücken. Auch wenn es sich vielleicht „nur" um einen hohen Turm von Bauklötzen handelt, der zu wackeln beginnt: Es ist immer wieder faszinierend, wie Kinder mit einer solchen Situation umgehen!

Meine Resonanz zu diesem Impuls

Fällt Ihnen spontan eine Situation ein, in der Ihnen jemand ganz intensiv zugehört hat und auf Sie eingegangen ist? Wie ging es Ihnen dabei? Fühlten Sie sich ernst genommen und verstanden? Wie hat sich dieses Gespräch auf Ihre Beziehung zu der Person ausgewirkt?

Der kleine Laborversuch

Nehmen Sie sich bei Ihrer nächsten kindbezogenen Beobachtung bewusst ein Kind bzw. eine Situation vor, zu dem bzw. der Sie bislang keinen richtigen emotionalen Zugang gefunden haben. Versuchen Sie, sich vollständig in das Kind bzw. in die Situation hineinzufühlen: Sie sind nun das Kind und erleben die Situation aus der Perspektive des Kindes. Was ist das Faszinierende für das Kind? Notieren Sie Ihre Entdeckungen.

(Hinweis: Diesen Beobachtungsschnipsel können Sie auch in das Portfolio des Kindes heften, in der nächsten Teamsitzung davon berichten oder mit dem Kind (auch Eltern) darüber ins Gespräch kommen.)

Interessiert/Engagiert sein

Den Faden aufnehmen

Fachlicher Impuls

Bislang bezogen sich die Überlegungen auf die Entdeckungen der Kinder in ihrer Umgebung und wie sie mit diesen umgehen. Hierin zeigen die Kinder eine große Vielfalt und unterscheiden sich auch in ihren emotionalen Verhaltensäußerungen. In einer Gruppe von Kindern kommt ein entscheidender Aspekt hinzu: Alle Kinder haben eine eigene Perspektive auf die Dinge, nehmen Situationen unterschiedlich wahr und verhalten sich auf ihre eigene Art und Weise in der Gruppe. Eine feinfühlige, dialogorientierte Begleitung von zwei oder mehr Kindern in ihren Spielen wird über die engagierte Zuwendung, die die Bedürfnisse der Kinder beachtet, geleitet. Es ist eine Kunst, sich passgenau in Spiele ein- und wieder auszufädeln, um die Kinder dabei zu begleiten, sich miteinander in Spiele zu vertiefen, und ihre vielfältigen Kooperationen und Aushandlungen zu unterstützen. Gerade Kinder, die in dem Spiel mit anderen am Beginn ihrer Entwicklung stehen oder die sich aufgrund eingeschränkter Sprache(n) schwerer verständlich machen können, werden davon profitieren, wenn Sie dabei helfen, Kooperationen feinfühlig anzubahnen, oder bei unterschiedlichen Interessen moderieren.

Meine Resonanz zu diesem Impuls

Reflektieren Sie die Freispielzeit, die Sie kürzlich in Ihrer Praxis erlebt haben: Sie sehen einige Kinder, die in kleinen Spielgemeinschaften in selbst gewählten Bereichen aktiv sind. Was spielen sie? Wie erzeugen sie Dynamik? Wie entwickelt sich das Spiel? Wie wird etwas verhandelt?

Der kleine Laborversuch

Überlegen Sie einmal, welche Spiele Sie selbst früher besonders interessiert haben, und erzählen Sie den Kindern bei der nächsten Gesprächsgelegenheit – z. B. am Mittagstisch – davon. Vielleicht verabreden Sie sich einmal zu einem gemeinsamen Rollenspiel, Murmelspiel, Rätselspiel, Wettspiel?

Wertschätzung ausdrücken

Den Faden aufnehmen

Wann haben Sie sich das letzte Mal gesagt, dass Sie ein wundervoller Mensch sind? Schieben Sie Ihre To-do-Liste für einen Moment beiseite, sie kann kurz warten. Sagen Sie zu sich: Ich bin toll! Spüren Sie das innere Lächeln? Genießen Sie diesen Moment!

Fachlicher Impuls

Das Merkmal geht auf Carl Rogers (1959/1991) zurück, nach dem Kongruenz, Wertschätzung und Empathie eine beziehungsförderliche Wirkung haben, sofern sie eng miteinander verbunden sind. Rogers betont, dass die Wertschätzung grundlegend ist, also nicht von Bedingungen wie beispielsweise dem kindlichen Verhalten abhängig gemacht werden darf. Diese Wertschätzung schließt auch die Potenziale, Ressourcen und (eigentlichen) Stärken eines Kindes ein. Sie bezieht sich auch auf wahrnehmbare Veränderungen und zukünftige Entwicklungen, nicht nur auf das Hier und Jetzt. Für Kinder ist diese unbedingte Wertschätzung sehr wichtig, weil sie dazu beiträgt, ein positives und stabiles Selbstbild aufzubauen. Wertschätzung kann sich in sehr unterschiedlicher Art und Weise äußern, sowohl in einer allgemein aufgeschlossenen und zugewandten Interaktionsgestaltung als auch in differenzierten und prozessbezogenen Rückmeldungen.

Meine Resonanz zu diesem Impuls

Kennen Sie Ihre Stärken: Welche fallen Ihnen sofort ein; welche kommen mit ein wenig Nachdenken hinzu? Sie können hierzu auch ein kleines Stärkenspiel machen: Schreiben Sie fünf beliebige Buchstaben (z. B. aus Ihrem Vornamen) untereinander auf ein Blatt. Ergänzen Sie nun zu jedem Buchstaben eine Stärke, die Sie an sich selbst wahrnehmen. Wetten, dass Sie zu jedem Buchstaben eine Stärke an sich kennen? Bewahren Sie sich die Stärken, die Sie selbst an sich entdecken und die andere an Ihnen schätzen, sicher in einer inneren Schatzkiste auf. In herausfordernden Situationen können Sie diese öffnen, sich Ihre persönlichen und bewährten/geschützten Ressourcen vor das innere Auge führen und gestärkt in die Interaktion gehen. *(Tipp: Dies ist ein auch gutes Einstiegsspiel im Team, wobei jede*r sein/ihr Stärkenblatt behalten darf und keine Stärke vorgelesen wird.)*

Der kleine Laborversuch

Welche Stärken nehmen Sie an Ihren Kolleg*innen wahr? In welchen Alltagssituationen leuchten diese Stärken auf? Üben Sie sich darin, ein stärkenorientiertes Feedback zu geben. Beispielsweise können Sie sagen: „Es hat mich beeindruckt, wie du/Sie diese Situation bewältigt hast/haben" oder „Ich habe gespürt, dass du/Sie so achtsam auf die Bedürfnisse dieses Kindes eingegangen bist/sind".

Wertschätzung ausdrücken

Den Faden aufnehmen

> *Warte nicht auf das große Wunder, sonst verpasst du die vielen kleinen.*
>
> Unbekannt

Fachlicher Impuls

Wertschätzung geht über Lob oder Anerkennung hinaus und vermittelt den Kindern, dass sie unabhängig von ihrem Handeln als Mitglied der Gruppe geschätzt werden, auch und gerade in komplexen und herausfordernden Situationen. Nur wenn sie sicher sein können, dass diese Wertschätzung vorhanden ist und auch bei Fehlverhalten nicht grundlegend infrage gestellt wird, werden sie zugänglich sein für Gespräche und Kooperation. Wertschätzung bedeutet also nicht, alles gut zu finden, was die Kinder sagen oder tun, sondern sich respektvoll und ernsthaft mit ihnen auseinanderzusetzen. Dies gelingt in schwierigen Situationen oftmals leichter, wenn sich das eigene Verhalten von dieser grundlegenden Wertschätzung leiten lässt. Ganz konkret zeigt sich das in einer Konfliktsituation beispielsweise darin, dass man den Konflikt nicht als allgemeinen Zustand oder Verhaltensweisen als Eigenschaften formuliert, sondern sich die Rückmeldungen nur auf die konkrete, für das Kind verstehbare Situation beziehen.

Meine Resonanz zu diesem Impuls

Erinnern Sie sich an ein Kind, dessen Verhalten Sie manchmal herausfordert? Vergessen Sie für einen Moment die schwierigen Situationen und versuchen Sie, das Kind noch einmal neu zu entdecken: Was macht dieses Kind zu etwas Besonderem? Wo liegen seine (vielleicht noch verborgenen) Stärken? Warum fordert Sie das Verhalten heraus? Mit der Reflexion über das herausfordernde Handeln kann man manche „Schwächen" des Kindes (also das herausfordernde Verhalten) zu Stärken umwandeln. Ein Beispiel: Das Kind rennt mit voller Wucht laut lachend auf Sie zu und sagt Ihren Namen immer wieder freudig. Dabei tut es Ihnen aber jedes Mal weh, weil es seine Kraft nicht kontrollieren kann. Perspektivenwechsel: Das Kind freut sich übermäßig, Sie zu sehen, kann die Freude verbal und nonverbal ausdrücken.

Der kleine Laborversuch

Versuchen Sie, dieses Kind heute einmal bewusst in verschiedenen Situationen wahrzunehmen. In welchen Situationen zeigen sich die Stärken schon ein bisschen mehr als in anderen – wo kann das Kind etwas zum Geschehen beitragen? Wann ist es eher entspannt oder fröhlich? Wann reagiert es auf Sie und andere eher zugänglich und vertrauensvoll?

*(Tipp: Sie können sich auch mit eine*r Kolleg*in verabreden und sich gegenseitig Ihre „Stärken-Beobachtungen" von diesem Kind berichten, die Sie an diesem Tag wahrgenommen haben.)*

Wertschätzung ausdrücken

Den Faden aufnehmen

Fachlicher Impuls

Wertschätzung kann sich auf vielfältige Art und Weise ausdrücken. Sie muss sich bei Weitem nicht auf ein Zwiegespräch zwischen Fachkraft und Kind beschränken. Ebenso kann einer Gruppe von Kindern gegenüber so Wertschätzung ausgedrückt werden, dass sie die Gruppe stärkt, indem sie sich etwa auf gemeinsam entwickelte Pläne oder Aktivitäten bezieht. Auch in einem „einfachen Beisammensein" kann Wertschätzung zum Ausdruck gebracht werden, wenn es in dem Moment als Freude empfunden wird („Ist das gerade gemütlich mit euch!"). Bei einer positiven Rückmeldung für eine Gruppe kann außerdem zum Ausdruck gebracht werden, dass jedes einzelne Kind ein wertvoller Teil dieser Gruppe ist, wobei andere Kinder dadurch nicht abgewertet werden dürfen. Entscheidend ist immer die Kongruenz, also die Stimmigkeit von wertschätzenden Aussagen. Kinder (nicht nur Kinder!) sind sehr sensibel dafür, ob eine positive Rückmeldung tatsächlich „von Herzen kommt" oder eher als Floskel erscheint und zu jeder Gelegenheit wiederholt wird.

Meine Resonanz zu diesem Impuls

Welche Wirkungen bemerken Sie bei sich selbst, wenn Sie sich in wertschätzender Art und Weise gesehen fühlen?

Der kleine Laborversuch

Lesen Sie einer Gruppe von Kindern eine Geschichte vor, in der es um Stärken geht.
Buchtipps: Muh macht die Maus: www.herder.de, oder die Geschichte vom verlorenen Schatz des kleinen Trolles: www.kleinertroll.de
Sprechen Sie anschließend mit den Kindern über ihre Gedanken und Gefühle: Wie hat ihnen die Geschichte gefallen? Was haben die Kinder positiv erlebt? Was nehmen sie daraus für sich selbst mit?

Wertschätzung ausdrücken

Den Faden aufnehmen

STÄRKEN

„Wenn ein Kind sagen kann: An mich wurde geglaubt, auch als ich an mir gezweifelt habe; ich wurde ermuntert und herausgefordert, als ich keine Lust mehr hatte; als ich nicht mehr wusste, wohin, hat man mir Perspektiven geschenkt, denen ich folgen konnte; immer dann ist es gelungen, ein Bild zu ‚verschenken', das dem Kind etwas gibt statt ihm nimmt, es nicht misst, sondern seine Stärken unterstützt."

Erika Kazemi-Veisari

Fachlicher Impuls

Wertschätzung zu erfahren tut gut, jeden Tag! Für die Kinder lohnt es sich, wenn sie immer wieder das Gefühl vermittelt bekommen, wie schön es ist, sie zu sehen oder mit ihnen gemeinsam Zeit zu verbringen. Diese Wertschätzung kann sich sowohl im Handeln als auch in verbalen oder nonverbalen Äußerungen zeigen. Die unbedingte Wertschätzung ist die sichere Basis für einen Beziehungsaufbau und wird auch nicht gleich infrage gestellt, wenn es einmal Ärger oder Streit gibt. Allerdings ist das Gefühl, geschätzt und gemocht zu werden, auch fragil: Abfällige oder abwertende Äußerungen können sehr verletzend sein und sind auch nur schwer wieder aus der Welt zu schaffen. Sie verunsichern die Kinder, beschädigen ihr Selbstbild und lassen sie an ihren Fähigkeiten zweifeln. Beschämung und Ausgrenzung haben im Kita-Alltag daher nichts verloren!

Meine Resonanz zu diesem Impuls

Vielleicht erinnern Sie sich selbst an eine Situation als Kind, in der Sie beschämt wurden oder erlebt haben, wie ein anderes Kind beschämt wurde. Welche Gefühle hat das damals in Ihnen ausgelöst? Wie geht es Ihnen dabei, sich daran heute zu erinnern?

Der kleine Laborversuch

Fällt Ihnen ein Mensch in Ihrem Umfeld ein, dem Sie einmal ein „Bild" in dem oben beschriebenen Sinn verschenken möchten? Vielleicht auch sich selbst? Jetzt können Sie es anfertigen!

Gelassenheit ausstrahlen

Den Faden aufnehmen

> *Irgendwann ändern sich nicht die Dinge an sich, sondern die Bedeutung, die wir ihnen geben.*
>
> Unbekannt

Fachlicher Impuls

Das Merkmal ‚Gelassenheit ausstrahlen' verbindet Akzeptanz und Beteiligung sowie emotionale Kontrolle und das Zulassen von Autonomie (Hart, Newell & Olsen, 2003). Interaktionsbezogene Handlungskompetenzen einer Fachkraft machen sich gerade dann bemerkbar, wenn nicht auf bewährte Handlungsroutinen zurückgegriffen werden kann. Dieses Merkmal ist besonders im Umgang mit Regelverletzungen, Konflikten oder Grenzüberschreitungen beobachtbar. In solchen Situationen ist es wichtig, gelassen zu bleiben und eigene Emotionen zu kontrollieren. Gelingt dies, dann können sich die positiven Potenziale einer Fachkraft-Kind-Beziehung besonders entfalten.

Meine Resonanz zu diesem Impuls

Wie würden Sie an einem üblichen Tag Ihren „Gelassenheitswert" auf einer Skala von 1–10 einschätzen? Dabei bedeutet 1 „äußerst reizbar und ungeduldig" und 10 „äußerst entspannt und nervenstark".

Der kleine Laborversuch

Nehmen Sie sich einmal vor, Ihren „Gelassenheitswert" bei der nächsten Gelegenheit um 1–2 Punkte zu erhöhen, also bewusst auch in anstrengenden Situationen ein bisschen entspannter zu bleiben und etwas gelassener mit einem Problem umzugehen. Beobachten Sie dann, wie es Ihnen damit geht und wie Ihre Umgebung reagiert. Wenn Sie möchten, notieren Sie Ihren Erfolg!

Gelassenheit ausstrahlen

Den Faden aufnehmen

In der Ruhe liegt die Kraft.

Unbekannt

Fachlicher Impuls

Bei dem Merkmal ‚Gelassenheit ausstrahlen' muss man sich selbst sehr gut beobachten: „Strahlt" man wirklich etwas aus, was den Kindern deutlich macht, dass die Situation zwar gerade kompliziert ist, dass man dieser aber durchaus gewachsen ist und nicht den Kopf verliert? Eine solche Selbstüberprüfung ist nicht leicht, weil sie ja zeitgleich in einer Situation erfolgen muss, in der etwas an den eigenen Nerven zehrt; es wird nämlich gerade das eigene normative Situationsverständnis gestört: Ein Essen, das eigentlich ruhig ablaufen soll, droht zu eskalieren; ein friedliches Spiel wird zum Konflikt; eine bekannte Regel wird verletzt. Wie kann man da gelassen bleiben? Auch hier lohnt ein bewusster Perspektivenwechsel: Wie geht es gerade dem oder den betroffenen Kindern? Sind sie emotional hoch erregt und stoßen an die Grenze ihrer Handlungs-/Bewältigungsfähigkeit (Booth et al., 2003)? Sind sie verunsichert, weil ihnen etwas passiert ist oder sie Regeln verletzt haben? Sind sie wütend und „außer sich", sodass sie erst einmal den eigenen Stress reduzieren müssen, bevor sie für Gespräche zugänglich sind? Hier wird deutlich, dass es grundsätzlich die bessere Wahl ist, in Grenzsituationen gelassen zu bleiben und den eigenen sozial-emotionalen Kompetenzvorsprung zu nutzen, um Handlungsfähigkeit, Dialogbereitschaft und Lösungsorientierung zu signalisieren.

Meine Resonanz zu diesem Impuls

Versuchen Sie doch einmal, das Gegenteil von ‚Gelassenheit ausstrahlen' zu formulieren: Welche Begriffe fallen Ihnen ein?

übermäßig streng, verärgert, abweisend oder beschämend sein; keine Bereitschaft zeigen, Konflikte auf konstruktive Weise zu lösen; in schwierigen Situationen keine Dialog- und Kooperationsbereitschaft zeigen; bei Regelverletzungen, Konflikten oder Grenzüberschreitungen entweder zu dominant oder zu hilflos agieren, …]

Welche Gedanken gehen Ihnen durch den Kopf, an wen oder was denken Sie, wenn Sie diese Begriffe sich selbst laut vorlesen?

Der kleine Laborversuch

Formulieren Sie die Begriffe, die Ihnen eingefallen sind, nun wieder positiv. Was bedeutet also ‚Gelassenheit ausstrahlen' für Sie ganz persönlich? Sie können die Begriffe auf einen kleinen Zettel schreiben und sie in der Hosentasche bei sich tragen. Erinnern Sie sich in herausfordernden Situationen daran, was Sie auf den Zettel geschrieben haben.

Gelassenheit ausstrahlen

Den Faden aufnehmen

Fachlicher Impuls

Das Merkmal ‚Gelassenheit ausstrahlen' darf nicht mit einer Laissez-faire-Haltung verwechselt werden, sondern erfordert eine hohe Beteiligung. Den Kindern wird trotz Konflikten oder Grenzüberschreitungen signalisiert, dass sie ein Teil der Gruppe sind und mit Wertschätzung begegnet. Unerwünschte Verhaltensweisen werden benannt und zugleich wird ein Dialog angeboten. Den Kindern wird Trost und Schutz gewährt, und sie werden dabei unterstützt, Stress abzubauen. Auch wird eine hohe Bereitschaft gezeigt, sich auf schwierige Situationen einzulassen, um gemeinsam konstruktive Lösungen zu entwickeln.

Meine Resonanz zu diesem Impuls

Gelassenheit hat etwas mit Loslassen, Akzeptanz und (Selbst-)Kontrolle zu tun. Was hilft Ihnen dabei, in schwierigen Momenten zur Gelassenheit zu finden?

Der kleine Laborversuch

„Frühstückspause. Die Fachkraft sitzt mit Jonas (1,4 Jahre), Samantha (3,8 Jahre), Lena (4,3 Jahre) Manuel (4,6 Jahre) und Amira (4,5 Jahre) am Tisch. Alle Kinder haben geöffnete Brotdosen vor sich stehen und mit Wasser gefüllte Becher. Es herrscht lautes Stimmengewirr, die Kinder reden durcheinander. In der Brotdose von Lena sind Himbeeren. Lena beginnt, die Himbeeren zwischen den Fingern zu zerdrücken. An Daumen, Zeigefinger und Mittelfinger läuft Himbeersaft hinunter. Lena ruft an die Fachkraft gerichtet: ‚Ich blute, ich blute!' Zeitgleich beginnen Amira und Manuel laut zu singen ‚Hinter mir, Klopapier, eine Rolle schenk ich dir …' und fangen an, ihre Brotdosen lautstark auf- und zuzuklappen und dabei gleichzeitig auf den Tisch zu klopfen. Als die Fachkraft gerade ansetzen möchte, etwas zu sagen, stößt Samantha beim Versuch, ihre eigene Brotdose zu greifen, den Wasserbecher um" (Auszug aus Weltzien et al., 2017, S. 81 f.).

Schreiben Sie die Szene in Gedanken weiter. Wie könnte es am Tisch weitergehen, wenn die Fachkraft es schafft, gelassen zu bleiben?

Gelassenheit ausstrahlen

Den Faden aufnehmen

Fachlicher Impuls

Ob es gelingt, mehr oder weniger gelassen mit störenden oder ärgerlichen Ereignissen im Alltag umzugehen, hängt sehr stark von der allgemeinen Atmosphäre in der Einrichtung und Gruppe ab. Um zu mehr Gelassenheit im Alltag zu kommen, lohnt es sich also, mit dem Team darüber ins Gespräch zu kommen und nach Erfolgsfaktoren zu suchen: Wann und wo gelingt es uns besonders gut, Gelassenheit auszustrahlen? Wie unterstützen wir uns gegenseitig darin? Teamgespräche dieser Art können die Wichtigkeit dieses Merkmals für Fachkraft-Kind-Interaktionen hervorheben und führen dazu, dass die Gelassenheit öfter „gewinnt".

Meine Resonanz zu diesem Impuls

Welche inneren Kraft- und Ruhequellen bewirken bei Ihnen, dass Sie gelassen bleiben können? Woran merken Sie, dass Ihre Gelassenheit erschöpft ist, und wie können Sie sie wieder aktivieren?

Der kleine Laborversuch

Tauschen Sie sich mit anderen in Ihrem beruflichen Umfeld aus: Welches sind in unserem (jeweiligen) Team Kraft- und Ruhequellen? Welches sind in unserem Alltag typische „Stressmomente"? Wie können wir uns in diesen Momenten unterstützen? Wie können wir sie so umgestalten, dass sie uns und die Kinder weniger „stressen"? Notieren Sie mögliche Schritte zur Entzerrung des Praxis-Alltags.

*(Tipp: Fragen Sie gemeinsam: Was müsste geändert werden? Was können wir sofort versuchen? Was braucht mehr Vorbereitung (z. B. Änderungen im Tagesablauf)? Wo brauchen wir Unterstützung von außen (z. B. bei baulichen Veränderungen)? Auch könnten eigene Situationen, in denen es weniger gelungen ist, gelassen zu bleiben, gemeinsam mit Kolleg*innen genauer betrachtet und Lösungsalternativen erarbeitet werden. Eigene Dilemma-Situationen dienen also als Grundlage für den fachlichen Austausch.)*

Aufmerksam zuhören

Den Faden aufnehmen

Wenn jemand etwas von sich gibt, gibt er auch etwas von sich.
Schulz von Thun

Fachlicher Impuls

Bei diesem Merkmal geht es darum, sich auf den Rhythmus und die Geschwindigkeit der kindlichen Äußerungen einzulassen, Gesprächspausen auszuhalten. Das Interesse an den Themen des Kindes muss dabei gar nicht unbedingt verbal sein, sondern drückt vielmehr die allgemeine Präsenz des Erwachsenen aus. Aufmerksames Zuhören kann erlernt werden und äußert sich beispielsweise in angemessenen nonverbalen Signalen (Kopfnicken, Lächeln, Staunen) oder auch in sinnvollen Fragen, die das Kind in seinen Äußerungen unterstützen.

Meine Resonanz zu diesem Impuls

Kinder brauchen häufig länger als wir Erwachsenen, um einen Gedanken „rund" zu denken und auszusprechen. Was bedeutet „länger" für Sie? Wie lange schaffen Sie es im Alltag, Gesprächspausen auszuhalten und weiterhin aktiv zuzuhören?

Der kleine Laborversuch

Nehmen Sie sich bewusst vor, bei der nächsten Gesprächsgelegenheit einem Kind aktiv zuzuhören. Richten Sie Ihre Aufmerksamkeit auf die Gedankengänge des Kindes. Was möchte es Ihnen mit Worten, Händen und Füßen mitteilen? „Senden" Sie dem Kind Signale (Kopfnicken, Lächeln, Staunen). Verlängern Sie das Gespräch bewusst. Halten Sie sich mit eigenen Äußerungen zurück. Lassen Sie längere Gesprächspausen bewusst zu. Achten Sie darauf, dass Sie Fragen stellen, die direkt an das Gesagte anschließen. Melden Sie dem Kind am Ende des Gesprächs zurück, dass es ein gutes Gespräch für Sie war! Reflektieren Sie anschließend das Gespräch für sich selbst: Was war anders als bei früheren Gesprächen? Haben Sie etwas Neues an sich selbst entdeckt? Wie hat sich das Kind verhalten?

Aufmerksam zuhören

Den Faden aufnehmen

ZUHÖREN

Was die kleine Momo konnte wie kein anderer, das war: zuhören. Das ist nichts Besonderes, wird nun vielleicht mancher Leser sagen, zuhören kann doch jeder.

Michael Ende

Fachlicher Impuls

Aufmerksames Zuhören ist keine „kalte“ Technik, die bei jedem Kind gleichermaßen „funktioniert“. Auch geht es nicht darum, Kinder mit immer wieder neuen sogenannten „offenen Fragen“ zu bedrängen und so viele Worte wie möglich aus ihnen „herauszuholen“. Es geht weder darum, stereotype Frage-Antwort-Schablonen abzuarbeiten, noch, Wissen schematisch abzufragen. Solche Fehleinschätzungen haben leider wenig mit Dialogorientierung zu tun. Wie bei den anderen bislang vorgestellten Merkmalen einer hohen Interaktionskompetenz ist die Kongruenz auch hier der Schlüssel: Alle Signale, die dem Kind zeigen, dass ihm Aufmerksamkeit für seine Anliegen geschenkt wird, sind die richtigen Signale, sofern sie von dem Kind auch so verstanden werden. Je nach sprachlicher bzw. sozial-kognitiver Entwicklung sind die Signale also unterschiedlich, gleich ist aber die „gemeinsam geteilte Aufmerksamkeit“ („shared attention“, Tomasello, 2012) in dieser Situation. Diese hat einen wichtigen beziehungsförderlichen Aspekt, denn das Kind kann die Erfahrung sammeln, dass es nicht übersehen bzw. überhört wird, wenn es Aufmerksamkeit wünscht.

Meine Resonanz zu diesem Impuls

An welche Menschen erinnert Sie Momo? Wie geht es Ihnen, wenn Sie mit ihnen im Gespräch sind? Wie ist es bei Ihnen: Hören Sie gerne zu? Was brauchen Sie, um gut zuhören zu können?

Der kleine Laborversuch

Erforschen Sie doch einmal Ihre täglichen Botschaften und Mitteilungen in Gesprächen mit Kindern: Was bewirken Ihre Mitteilungen an Kinder eigentlich? Erleben die Kinder Sie als Zuhörende? Verstehen die Kinder, dass Sie ihnen zuhören und ihre Mitteilungen ernst nehmen? Senden Sie auch manchmal „heimliche“ Botschaften an Kinder, etwa, wenn Ihnen etwas nicht gefällt oder Sie an Regeln und Ordnung erinnern wollen, ohne diese aber ausdrücklich zu benennen? Zielen Ihre Mitteilungen auch darauf ab, die Spiel- und Forschungsfreude der Kinder zu unterstützen?

Aufmerksam zuhören

Den Faden aufnehmen

Je stiller du bist, desto mehr kannst du hören.

Aus China

Fachlicher Impuls

Es wird nicht immer möglich sein, jedem Kind aufmerksam zuzuhören, wenn es gerade ein Anliegen hat. Zu viele Störfaktoren verhindern, dass man alles, was aus Kindessicht wichtig ist, mitbekommt. Die Kinder sind glücklicherweise sehr beharrlich darin, sich auf die eine oder andere Weise Gehör und damit Aufmerksamkeit zu verschaffen. Sie wiederholen eine Frage, werden lauter, zupfen einem am Ärmel, um etwas zu zeigen. Insofern geben sie uns im Alltag immer wieder Gelegenheit, Momente zu finden, in denen wir ihnen ganz ungeteilt unsere Aufmerksamkeit schenken und ihnen zuhören können. Aufmerksam zuhören lässt sich aber auch planen: So können wir uns für einen späteren Zeitraum zum Gespräch verabreden oder einen ruhigeren Ort aufsuchen, um etwas zu besprechen, sobald es sich ergibt. Solche Verabredungen stellen an sich bereits eine Methode des aufmerksamen Zuhörens dar, weil sie deutlich signalisieren: Mir ist es wichtig, von dir etwas zu erfahren, was dir wichtig ist. Und ich möchte mir gerne die Zeit nehmen, damit ich dir zuhören/zuschauen kann. Allerdings: Solche Verabredungen zählen nur, wenn sie auch ernst gemeint sind und gehalten werden!

Meine Resonanz zu diesem Impuls

Hören? Hören! Hören … – Welche Töne und Geräusche dringen in diesem Moment aus der Umgebung zu Ihnen durch? Welche Gefühle oder Reaktionswünsche lösen diese bei Ihnen aus? Machen Sie doch einmal die Augen zu und konzentrieren Sie sich auf die Geräusche um Sie herum.

Der kleine Laborversuch

Eine kleine Übung: Fünf Minuten bewusst hören. Dafür können Sie ein schriftliches „Töne- und Geräusche-Protokoll“ anfertigen oder einen Tonmitschnitt aufzeichnen. Welche Töne/Geräusche dominieren in diesem Zeitraum? Welche Töne/Geräusche ergeben sich „natürlich“ aus dem Spielgeschehen? Welche Töne/Geräusche dienen dem Versuch, sich Gehör zu verschaffen (Fachkräfte oder Kinder)? Welche Töne/Geräusche wirken beruhigend, welche alarmierend? „Hören“ kann helfen, sich achtsamer in das Geschehen einzufühlen und das eigene Reagieren zu entspannen und zu verlangsamen.

Aufmerksam zuhören

Den Faden aufnehmen

EIN FEDERCHEN FLOG DURCH DAS LAND

Ein Federchen flog durch das Land;
Ein Nilpferd schlummerte im Sand.
Die Feder sprach: „Ich will es wecken!"
Sie liebte, andere zu necken.

Aufs Nilpferd setzte sich die Feder
Und streichelte sein dickes Leder.
Das Nilpferd sperrte auf den Rachen
Und musste ungeheuer lachen.

Joachim Ringelnatz

Fachlicher Impuls

Es gibt Kinder, die in bestimmten Phasen ihres Lebens ganz besonders viel Aufmerksamkeit benötigen und auch einfordern. Typischerweise ist das in der Eingewöhnungsphase der Fall, aber auch in späteren Phasen können Kinder aus ganz unterschiedlichen Gründen viel Aufmerksamkeit brauchen. Es ist sicherlich wichtig, die möglichen Gründe hierfür zu kennen und gemeinsam über die Bedürfnisse des Kindes ins Gespräch zu kommen. Genauso wichtig ist es jedoch, die Bedürfnisse nach Aufmerksamkeit zu „bedienen", denn sie sind immer ein berechtigtes Grundbedürfnis, das erst abnimmt, wenn es gestillt wird. Der Wunsch, Aufmerksamkeit zu bekommen, sollte also keinesfalls ignoriert werden! Vielleicht hilft ein humorvoller Zugang, die Situation zu entspannen? Kindern, die immer wieder herausforderndes Verhalten zeigen, könnte es auch helfen, in Situationen, in denen sie besonders entspannt und kooperativ sind, deutliche Angebote des aufmerksamen Zuhörens zu bekommen. Dies kann – auf Dauer – die Beziehung zu ihnen verbessern und dazu führen, dass auch die unerwünschten und störenden Verhaltensweisen im Gruppenalltag abnehmen.

Meine Resonanz zu diesem Impuls

Feinfühliger Humor kann eine Brücke in schwierigen Situationen bauen. Wann gelingt es Ihnen, Schwierigkeiten mit feinfühligem Humor zu begegnen?

Der kleine Laborversuch

Wenden Sie sich einem Kind, das herausforderndes Verhalten zeigt, bei der nächsten Gelegenheit bewusst und aufmerksam zu. Gehen Sie davon aus, dass es seine Bedürfnisse in diesen Momenten offenbar nur so zum Ausdruck bringen kann. Achten Sie dabei auf die Ganzheit in dieser Situation – nicht erst auf das (gescheiterte) Ergebnis. Finden Sie heraus, um welche Mitteilung es dem Kind geht. Lassen Sie dem Kind so viel Zeit, wie es braucht, um über seine Bedürfnisse zu sprechen. Sprechen Sie mit dem Kind auch über Ihre Wahrnehmungen und richten Sie Ihre Aufmerksamkeit auf die Wirkungen Ihres Zwiegesprächs. Wenn das Verhalten Sie herausfordert, versuchen Sie, einmal bewusst den Blick auf seine Bedürfnisse zu lenken – auch wenn der erste Impuls vielleicht ist, laut zu werden, eine Konsequenz einzuleiten oder Ungeduld zu zeigen. Halten Sie inne, atmen Sie tief ein und hören Sie erst einmal zu.

Störungen meistern

Den Faden aufnehmen

„Falsch verbunden“ kommt nicht nur beim Telefonieren vor.

Fachlicher Impuls

Der Kita-Alltag besteht aus vielen unvorhersehbaren Ereignissen und jede Fachkraft-Kind-Interaktion kann durch Unterbrechungen oder Nebenhandlungen gestört werden. Nimmt man Störungen oder Unterbrechungen wahr und reagiert darauf angemessen und feinfühlig? Oder lässt man sich leicht ablenken und beendet Interaktionen bei Störungen oder Unterbrechungen, ohne dass eine Erklärung gegeben oder die Fortsetzung in Aussicht gestellt wird? Für die beteiligten Kinder ist dieses Verhalten durchaus relevant: Denn Kinder, die gerade in Gesprächen oder Handlungen mit der Fachkraft vertieft sind, möchten zurecht weiterhin die volle Aufmerksamkeit. Diejenigen, die Störungen verursachen, haben aber auch (meist) ganz berechtigte Anliegen.

Meine Resonanz zu diesem Impuls

Was erleben Sie als Störung? Welche Gefühle stehen bei Ihnen in Momenten des „Sich-gestört-Fühlens“ im Vordergrund?

Der kleine Laborversuch

Natürlich kann man nicht ständig allen gleichzeitig gerecht werden und alle Anliegen und Bedürfnisse in einer Kindergruppe unmittelbar erkennen und beantworten. In welchen Momenten gelingt es Ihnen gut, mit Störungen umzugehen, welche Faktoren helfen Ihnen dabei? Machen Sie doch einmal eine „Störungstabelle“ vom heutigen/gestrigen Tag und reflektieren Sie Ihre Gefühle und Reaktionen. Welche Ideen fallen Ihnen ein, um zukünftig Störungen eher zu meistern?

Störung	Meine Gefühle	Meine Reaktion	Meine Ideen zur „Entstörung“
Was ist passiert?	Warum war das eine Störung für mich? Was hat mich gestört?	Wie habe ich mich verhalten? Was habe ich gesagt, gedacht? Welche Botschaften habe ich an die „Störenden“ gesendet?	Was will ich beim nächsten Mal versuchen? Mit wem will ich wann über die Störung sprechen? Wie kann ich „typische“ Störungen durch vorausschauende Planung eher vermeiden? Wie kann ich meine Einstellung gegenüber Störungen verändern?

*(Tipp: Tauschen Sie sich doch einmal mit den Kolleg*innen über Ihre Störungserfahrungen und -reaktionen aus. Gibt es neue Ideen, wie man Störungen meistern kann?)*

Störungen meistern

Den Faden aufnehmen

Kindererziehung ist ein Beruf, wo man Zeit zu verlieren verstehen muss, um Zeit zu gewinnen.

Jean-Jacques Rousseau

Fachlicher Impuls

Störungen von Fachkraft-Kind-Interaktionen können durch Kinder, Kolleg*innen oder Eltern verursacht werden. „Störungen meistern" zielt deshalb auf einen kompetenten Umgang mit solchen alltäglichen Unterbrechungen ab. Diese Kompetenz kann beschrieben werden als eine Kombination aus grundlegender Zuwendungsbereitschaft, Offenheit für die Situation und hoher Aufmerksamkeit für die Gesprächspartner*innen. Wie sich die Kompetenz dann in einer konkreten Situation ausdrückt, ist natürlich unterschiedlich: Beispielsweise können die verschiedenen Interessen und Bedürfnisse mit den Beteiligten kommuniziert und auf ein gegenseitiges Verstehen hingewirkt werden. Ebenso gut können aber auch die Gesprächspartner um eine kurze Pause gebeten werden, indem der dringende Unterstützungsbedarf erklärt wird. In der Praxis zeigt sich, dass dieses Gegenseitig-um-Verständnis-Werben ein positives Modell dafür ist, wie man miteinander im Gruppenalltag umgehen und kooperieren kann. Gleichzeitig macht es allen Beteiligten deutlich, dass Interaktionen mit Kindern nicht beliebig sind, sondern genauso wichtig wie Gespräche mit Erwachsenen.

Meine Resonanz zu diesem Impuls

Wann ist es Ihnen heute gelungen, trotz Störungen in Interaktion mit einem Kind bzw. mit einer Gruppe von Kindern zu bleiben bzw. nach einer Störung wieder an eine Interaktion anzuknüpfen? Warum ist es geglückt?

Der kleine Laborversuch

Nehmen Sie sich einige Minuten Zeit und überdenken Sie, wie häufig Sie selbst in der Hektik des Alltags ungewollt „Störungen" verursachen. Sie reagieren vielleicht auf das unüberhörbare oder unüberschaubare Geschehen einiger Kinder, die aber Ihre Intervention als Störung interpretieren. Vielleicht „zwingt" Sie aber auch ein eng gestrickter Tagesablauf dazu, das vertiefte Spiel der Kinder zu unterbrechen oder zur Eile anzutreiben. Gibt es Punkte, die Sie gerne verändern wollen? Kann der Aphorismus (oben) Ihnen als Wegweiser dienen? Tagesabläufe können natürlich auch im Team gemeinsam unter die Lupe genommen werden. Situationen, die im Team als „störungsbehaftet" erscheinen, können meist gemeinsam entzerrt werden. Vielleicht notieren Sie sich ein paar Ideen, die Ihnen und den Kindern mehr Zeit schenken könnten.

Störungen meistern

Den Faden aufnehmen

Fachlicher Impuls

Wenn man Unterbrechungen von Interaktionen mit Kindern im eigenen Alltag einmal genau beobachtet, gibt es unterschiedliche Qualitäten von Störungen. Auch wenn jede Störung eine (subjektive) Berechtigung haben mag, ist sie potenziell ein Stressfaktor, weil man aus einer intensiven Interaktion, auf die man sich eingelassen hat, „herausgerissen" wird. Es lohnt sich also, den Alltag mit dem Team zusammen nach typischen Störungen durchzuforsten und zu überlegen, ob und wie sich Störungen vermeiden lassen. Auf der Teamebene helfen Absprachen, sich gegenseitig zu unterstützen und sich in den intensiven Momenten mit Kindern nicht zu stören, soweit es irgendwie geht. Organisatorische Absprachen (auch wenn sie kurz sind) sollten möglichst zu anderen Zeiten stattfinden. Auch können sich Teamkolleg*innen aktiv anbieten, wenn andere Kinder in der Gruppe Unterstützung brauchen, und damit den Kolleg*innen den Rücken frei halten, die gerade in intensiven Interaktionen sind. Mit relativ einfachen Absprachen, die allerdings auf Gegenseitigkeit beruhen sollten – jede Kolleg*in hat das Recht auf ganz intensive, ruhige Interaktionen mit Kindern –, lässt sich die Gruppenatmosphäre häufig schon deutlich verbessern. Denn nicht nur die direkten Unterbrechungen nehmen ab, sondern es steigt die Achtsamkeit für das, was gerade im Gruppenraum Bedeutung hat und geschützt werden sollte.

Meine Resonanz zu diesem Impuls

Wann empfinden Sie selbst Stress im Alltag? Gibt es typische Stressphasen oder Stressmomente? Beobachten Sie sich einmal dabei, wie Sie in Stressmomenten reagieren. Was tut Ihnen in diesen Situationen gut?

Der kleine Laborversuch

Machen Sie heute einmal eine einfache Anti-Stress-Übung mit sich selbst als Hauptperson. Es geht um drei Schritte zwischen dem Stresserleben und der Stressbewältigung. Wenn Sie erste Stressreaktionen an sich beobachten, sagen Sie im ersten Schritt hörbar „STOPP!", denn damit können Sie Ihren ersten gewohnten Reaktionsimpuls bewusst unterbrechen. Als zweiten Schritt legen Sie eine (kleine) Denkpause ein: Geben Sie dem Kind oder dem/der Erwachsenen zu verstehen, dass Sie erst einmal nachdenken wollen. Erkunden Sie (in Ruhe) Möglichkeiten für konstruktive Reaktionen. Setzen Sie die beste Lösung um. Im Schritt drei geht es darum, was Sie für die Zukunft mitnehmen: Reflektieren Sie (mit ein wenig Abstand), was Sie aus dieser Situation lernen können und wie Sie zukünftig auf vergleichbare Situationen reagieren wollen. Notieren Sie, wenn Sie mögen, Ihre Erfahrung.

Störungen meistern

Den Faden aufnehmen

Fachlicher Impuls

Bislang wurde von „objektiven" Störungen ausgegangen, es gibt aber auch Störungen, die eher aus dem subjektiven Empfinden heraus entstehen. Hier ist es also wichtiger, sich mit sich selbst zu beschäftigen. Ein Kind kann nichts dafür, wenn seine Nähe weniger positiv empfunden wird als die Nähe anderer Kinder. Vielmehr ist zunächst das eigene Reaktionsverhalten auf „Störungen" hin zu beobachten: Erkläre ich dem Kind, was ich gerade tue, und lade es zur Teilnahme ein, ebenso wie ich dies bei anderen Kindern tun würde? Weise ich es durch meine Körperhaltung oder Mimik eher ab oder ignoriere ich seine Versuche, Aufmerksamkeit zu bekommen? Drücke ich gar aus, dass es „wieder" stört, und arbeite ich mit negativen Zuschreibungen? Biete ich ihm immer wieder bewusst positive „Gegenerfahrungen", z.B. indem ich es aktiv zu einer gemeinsamen Aktivität einlade?

Meine Resonanz zu diesem Impuls

Unser Unbewusstes spielt offensichtlich eine wichtige Rolle, wenn wir entscheiden, ob uns etwas mehr, weniger oder gar nicht stört. So kann das Lachen eines Menschen uns zum Mitlachen einladen, das Lachen eines anderen Menschen dagegen Gefühle der Abscheu oder sogar Angst auslösen. Können Sie solche unwillkürlichen Gefühle auch bei sich selbst beobachten? Mit welchen Mitmenschen im pädagogischen Alltag haben Sie manchmal Schwierigkeiten?

Der kleine Laborversuch

Machen Sie die kleine Empathie-Übung „Was mir an dir gefällt!". Schreiben Sie auf die Mitte eines Bildes den Namen eines Kindes, mit dem Sie manchmal Schwierigkeiten haben oder das Sie herausfordert. Denken Sie an das Kind, an seine Familie, an seine Spielbeziehungen/Freunde, an seine Interessen, Ideen. Welche Dinge erscheinen vor Ihrem inneren Auge positiv? Denken Sie auch an Kleinigkeiten, einzelne Situationen, Blicke, Worte. Aber: Das, was nicht gefällt oder stört, hat auf diesem Blatt keinen Platz!

Verstehen ausdrücken

Den Faden aufnehmen

HUNDERT SPRACHEN HAT DAS KIND

Ein Kind
hat hundert Sprachen,
hundert Hände,
hundert Gedanken,
hundert Weisen zu denken,
zu spielen,
zu sprechen.
Hundert, immer hundert
Weisen
zu hören,
zu staunen,
zu lieben.
Hundert Freuden
zum Singen,
zum Verstehen.
Hundert Welten zu entdecken,
hundert Welten zu erfinden,
hundert Welten zu träumen.
Ein Kind hat hundert Sprachen
(und noch hundert, hundert,
hundert),
aber neunundneunzig
werden ihm geraubt.

Loris Malaguzzi

Fachlicher Impuls

Das Merkmal ‚Verstehen ausdrücken' bezieht sich auf die Kompetenz, die verschiedenen Verhaltensäußerungen und Ausdrucksformen der Kinder zu akzeptieren und sich auf ihre situativen Bedürfnisse einzulassen. Gerade in Problem- oder Konfliktsituationen, in Situationen emotionaler Überforderung oder bei unerwünschten oder herausfordernden Verhaltensweisen ist es erforderlich, sich mit den Kindern auseinanderzusetzen und den Hintergrund ihrer Verhaltensweisen im Wortsinne zu verstehen – dies ist eine Kernkompetenz professionellen pädagogischen Handelns (Fröhlich-Gildhoff, Rönnau-Böse & Tinius, 2017a,b).

Meine Resonanz zu diesem Impuls

Welches ist Ihre bevorzugte Ausdrucksform? Ihre „Lieblingssprache"? Zu welchen Ausdrucksformen haben Sie eher wenig Zugang?

Der kleine Laborversuch

Machen Sie heute einmal eine „Sprachen-Reise" in Ihrer Einrichtung: Sammeln Sie Ausdrucksformen von Körpersprache, Mimik, Gestik, Worten, Bildern, Liedern, in denen Kinder und Erwachsene zu Ihnen sprechen – wie viele der 100 Sprachen entdecken Sie?

Verstehen ausdrücken

Den Faden aufnehmen

WAHRHEITEN

„Wenn der Erzieher verstanden hat, dass die Wahrheit des Kindes von seiner verschieden ist und dass er mit Demut und Einfachheit dieser Wahrheit zum Ausdruck verhelfen kann, dann hat er seine wirkliche soziale Rolle verstanden."

Elise Freinet

Fachlicher Impuls

Eine „lebendige soziale Interaktion" (Bowlby, 1969, S. 289) und eine wechselseitige Bezugnahme zwischen Fachkraft und Kind (De Wolff & Van IJzendoorn, 1997) wirken beziehungsförderlich. Wie kann es also in den vielen, komplexen Alltagssituationen gelingen, den Kindern auszudrücken, dass wir sie verstehen? Es geht nicht darum, alles zu akzeptieren, sondern sich ernsthaft mit den Äußerungen oder Verhaltensweisen der Kinder auseinanderzusetzen, ihnen Zeit zu lassen und feinfühlig auf sie einzugehen. In unruhigen oder herausfordernden Situationen gelingt das sicherlich nicht immer. Aber es zählen auch die Bemühungen, sich auf die Kinder einzulassen. Versucht man wirklich wertschätzend, die verbalen und nonverbalen Äußerungen der Kinder zu verstehen? Lässt man sich feinfühlig auf die große Vielfalt von Ausdrucksweisen und individuellen Strategien der Kinder ein, auch Aufmerksamkeit zu bekommen? Zeigt man auch bei kleinsten Äußerungen und nonverbalen Signalen eine Verstehens-Bereitschaft? Bemüht man sich, die Äußerungen des Kindes und ihren Sinngehalt zu verstehen, auch wenn dies angesichts der Kompetenzen oder der Situation erschwert bzw. unmöglich wird? Geht man mit Missverständnissen je nach Situation angemessen (wertschätzend, gelassen oder humorvoll) um?

Meine Resonanz zu diesem Impuls

Können Sie sich an eine Situation erinnern, in der Sie sich selbst verstanden gefühlt haben, obwohl es Ihnen schwerfiel, die eigenen Gedanken und Gefühle zu sortieren und zum Ausdruck zu bringen? Woran konnten Sie das Verstandenwerden festmachen? Was hat das bei Ihnen ausgelöst?

Der kleine Laborversuch

Spielen Sie mit jemandem, den Sie gut kennen (Freund*in, Kolleg*in etc.), einmal bewusst „Missverstehen". Weihen Sie Ihre*n Spielpartner*in vorher nicht ein. Senden Sie keine Signale von „Verstehen". Was passiert? *(Anmerkung: Dieses Experiment sollten Sie unbedingt hinterher erklären und damit das Missverständnis auflösen!)*

Verstehen ausdrücken

Den Faden aufnehmen

BEDEUTUNGEN

Yuki ist mitten in der Eingewöhnungsphase. Mit ihrer Bezugserzieherin Frau Müller schaut sie sich die Fische im Aquarium an. Sie zeigt in das Aquarium und sagt „Haifisch". Frau Müller antwortet: „Nein, das ist kein Haifisch, das sind viele kleine Fische." Dieser Wortwechsel wiederholt sich ein paar Mal, bis Yuki sich von der Bezugserzieherin abwendet. Den Rest des Vormittags verhält sie sich eher distanziert und ist verhalten. Frau Müller ist ratlos und hat aufgrund des Verhaltens von Yuki den Eindruck, dass sie die Begebenheit Yukis Mutter beim Abholen erzählen sollte. Als diese die Begebenheit hört, sagt sie: „Ja, in meiner Muttersprache bedeutet ‚haifisch' kleiner Fisch."

Fachlicher Impuls

Stehen Kinder erst am Anfang ihres Erst- oder Zweitspracherwerbs, kommt es vor, dass Äußerungen unverständlich sind. Da es gerade in dieser sensiblen Phase für Kinder so wichtig ist, sich verstanden zu fühlen, sollten alle möglichen Hilfen herangezogen werden: Wie ist der Gesichtsausdruck zu deuten; geben Körperhaltung und -spannung Hinweise darauf, ob die Kinder emotional erregt sind, und kann die Richtung der Emotionen eingeschätzt werden? Zeigen die Kinder uns etwas oder nennen sie Namen/Orte, von denen wir etwas ableiten können, was zum Verstehen beiträgt? Diese Fragen zeigen schon, dass das ‚Verstehen ausdrücken' auf unterschiedliche Weise erfolgen kann: Wenn wir einzelne Worte nicht verstehen können, gelingt es vielleicht, die (emotionalen) Sprachen zu deuten. Wir können dem Kind spiegeln, was wir beobachten, hören, spüren, und dies ausdrücken. Wir können versuchen, die verschiedenen möglichen Aspekte dessen, was das Kind zum Ausdruck bringt, zu differenzieren und zu benennen. Wenn wir auf dieser Ebene schon einmal einen ersten Schritt des Verstehens geschafft haben, wird es für das Kind möglicherweise einfacher werden, uns auch noch die Sachverhalte zu erklären, sodass wir auf der Wissensebene noch mehr verstehen. Möglicherweise steht der Sachverhalt aber für das Kind auch an zweiter Stelle und die eigene Aufregung ist das Thema, von dem es uns etwas mitteilen will.

Meine Resonanz zu diesem Impuls

Welche emotionalen Zustände assoziieren Sie mit den Begriffen „Verstehen" und „Verstanden werden"?

Der kleine Laborversuch

Achten sie doch im Alltag einmal darauf, wie oft Sie das Wort „aber" benutzen, und beobachten Sie die Reaktionen des Gegenübers. Ersetzen Sie bewusst das „aber" durch ein „und". Welche Reaktionen können Sie wahrnehmen? Wenn Sie möchten, können Sie Ihre Kolleg*innen einladen, auch das „aber" einzutauschen.

Verstehen ausdrücken

Den Faden aufnehmen

Fachlicher Impuls

Wie gehen wir mit Missverständnissen im Alltag um? Wahrscheinlich würden Sie sagen: Es kommt darauf an ... – Genau, aber worauf? Wenn man Missverständnisse reflektiert, gibt es sicherlich einige, über die die Beteiligten herzlich lachen konnten. Gemeinsam lachen kann man immer dann, wenn es eine gesicherte Vertrauensbasis gibt, auf der sich die Beziehung bewegt. Denn hier spielen Missverständnisse keine große Rolle, sondern sind eine Gelegenheit, sich gegenseitig zu versichern, wie gut man sich eigentlich versteht. Ist die Beziehung aber neu oder noch unsicher, führt ein Nicht- oder Falsch-Verstehen zu einer weiteren Verunsicherung. Besonders gravierend ist diese Verunsicherung, wenn ohnehin Kontrollverlust droht. In Konfliktsituationen sind Missverständnisse noch leichter möglich als in entspannter Atmosphäre. Gerade hier wäre es hilfreich, sich selbst zurückzunehmen und sich immer wieder zu vergewissern, dass man keine voreiligen Schlüsse zieht. Auch ist es hilfreich, Missverständnisse als gemeinsame „Fehlleistung" anzuerkennen und nicht dem Kind zuzuschreiben. Und man kann ausdrücklich feiern, wenn es endlich gelungen ist, einander (wieder) zu verstehen!

Meine Resonanz zu diesem Impuls

Erinnern Sie sich an ein besonders „gelungenes" Missverständnis – wann haben Sie so richtig aneinander vorbeigeredet? Um was ging es? Wer war beteiligt? Ein Kind? Ein*e Kolleg*in? Wie haben Sie aus dem Missverständnis herausgefunden? Konnten Sie darüber lachen?

Der kleine Laborversuch

Beschäftigen Sie sich ein bisschen tiefer mit dem Gelingen und der Störanfälligkeit von Gesprächen mit Kindern. Woran merken Sie, dass Sie richtig oder falsch verstanden werden? Woran merken die Kinder, dass Sie sie richtig oder falsch verstehen? Haben Sie oder Ihre Kolleg*innen Hilfsmittel – Füße, Hände, Mimik, Zeichensprache –, um sich leichter mit Kindern zu verständigen? Merken Sie sich solche Erfolgsrezepte oder schreiben Sie sie auf, denn sie könnten auch beim nächsten Mal wieder helfen, mit Kindern ins Gespräch zu kommen!

Balance von Nähe und Distanz herstellen

Den Faden aufnehmen

NÄHE & DISTANZ

Distanz: Entfernung, Abstand, Zwischenraum, Intervall, Zwischenzeit, Weite, Pause, Kluft, Ferne, Reserviertheit, Zurückhaltung

Nähe: Sichtweite, Hörweite, Reichweite, Rufweite, Radius, Wirkungsbereich, Einflussgebiet, Machtbereich, Stärke, Qualität, Bedeutung, Atmosphäre, Umgebung, Berührung, Brückenschlag, Interaktion, Tuchfühlung, Verbindung, Gegenüber

Fachlicher Impuls

Das Merkmal ‚Balance von Nähe und Distanz herstellen' meint, mit den kindlichen Bedürfnissen feinfühlig und situationsangemessen umzugehen und dabei auch kongruente Signale der eigenen Bedürfnisse zu zeigen (Rogers, 1959/1991). Hierbei geht es auch um die Frage, wie mit – oftmals widersprüchlichen – Bedürfnissen nach Nähe und Distanz von Kindern umgegangen wird, welche Formen der Regulation gewählt werden und wie kongruent das eigene Verhalten dabei erscheint.

Meine Resonanz zu diesem Impuls

Wie würden Sie Ihr eigenes Bedürfnis nach Nähe und Distanz einschätzen? Gibt es Menschen, denen Sie sehr gerne nah sind? Warum ist das so? Gibt es Menschen in Ihrem Umfeld, in deren Nähe Sie sich eher nicht wohlfühlen; warum ist das so? Was muss für Sie erfüllt sein, damit Sie sich im sozialen Miteinander wohlfühlen können?

Der kleine Laborversuch

Versetzen Sie sich in die Perspektive eines Kindes, mit dem sie täglich zu tun haben, und gehen Sie seinen Nähe-Distanz-Bedürfnissen nach: Wie äußern sich seine Bedürfnisse nach Nähe und Distanz? Wann können Sie diese Bedürfnisse gut erkennen? Wann sind sie eindeutig? Wann sind sie uneindeutig? Wann können sie erfüllt werden und wann nicht? Wie mag das Kind Situationen erleben, in denen seine Bedürfnisse nach Nähe und Distanz nicht erfüllt werden?

Balance von Nähe und Distanz herstellen

Den Faden aufnehmen

Life is like riding a bicycle. To keep your balance, you must keep moving.

Albert Einstein

Fachlicher Impuls

In ungünstigen Situationen, in denen viele Personen anwesend sind und eine große Unruhe herrscht, ist es zuweilen schwer, alle Bedürfnisse nach Nähe und Distanz zu beachten und eine Balance innerhalb der Gruppe herzustellen. In solchen Situationen kann z. B. der Vorschlag, den Ort oder Raum zu wechseln oder die gemeinsame Interaktion zu einem späteren Zeitpunkt fortzusetzen, Ausdruck von „Balance herstellen" sein.

Meine Resonanz zu diesem Impuls

Der Alltag in Kindergruppen ist komplex und oftmals unübersichtlich. Kindern fällt es nicht leicht, sich darin zu orientieren. In der Folge gehen sie möglicherweise auf Distanz (Rückzug) oder beachten die Distanzbedürfnisse anderer nicht. Wie ist Ihr eigenes Bedürfnis in größeren, unübersichtlichen und dynamischen Gruppen: An wem oder was orientieren Sie sich? Wie schaffen Sie es, einen für Sie angenehmen Platz zu finden?

Der kleine Laborversuch

Denken Sie an eine typische Situation in Ihrem Alltag, die durch Unübersichtlichkeit und Unvorhersehbarkeit geprägt ist. Gehen Sie nun gedanklich mit drei Handlungsmöglichkeiten durch diese Situation hindurch:

- Sie ergreifen das Wort und lenken das Geschehen von außen durch Lautstärke und/oder Gesten.
- Sie suchen sich einen Standpunkt, von dem aus Sie das Geschehen beobachten, aber nicht eingreifen.
- Sie begeben sich als Akteur*in und Mit-Gestalter*in in das Epizentrum des Geschehens.

Malen Sie sich die möglichen Folgen aus und notieren Sie Ihre Erkenntnisse für Ihr eigenes Handeln.

Versuchen Sie, die Folgen der drei Handlungsmöglichkeiten aus der Perspektive der Kinder zu beschreiben. Wie werden Sie in der Situation erlebt? Auf welche Kinder wirkt Ihr Handeln in welcher Weise?

Balance von Nähe und Distanz herstellen

Den Faden aufnehmen

STOPP – bis hierhin und nicht weiter! Wie oft sagen wir das innerlich? Wie oft schaffen wir es, das auch laut zu sagen?

Fachlicher Impuls

Wie kann man kompetent mit den unterschiedlichen Bedürfnissen nach Nähe und Körperkontakt, aber auch mit dem Wunsch nach Autonomie und Selbstständigkeit der Kinder umgehen, wenn man die Kinder noch gar nicht gut kennt? Jeder Mensch hat ein anderes körperliches Empfinden und entsprechend auch ganz individuelle Bedürfnisse nach Nähe oder Distanz. Besonders in der Kennenlernphase wird daher das feinfühlige Erkennen dieser Bedürfnisse unter Beweis gestellt: Welche Signale gibt mir das Kind für Nähe und Distanz, und kann ich diese Bedürfnisse erfüllen? Die Signale können ja durchaus widersprüchlich sein, umso wichtiger für den Beziehungsaufbau ist es, sich gegenseitig abzustimmen. So kann man Kindern, die keine körperliche Nähe wünschen, auch über Körperhaltung, Blickkontakt, Mimik und Gestik Aufmerksamkeit und emotionale Beteiligung signalisieren. Kindern, denen die Balance zwischen Nähe und Distanz schwerfällt, helfen zudem kongruente Signale von Nähe und Zuwendung, aber auch das feinfühlige Aufzeigen von den Grenzen, was gewünscht oder akzeptiert wird („Das möchte ich nicht so gerne").

Meine Resonanz zu diesem Impuls

Können Sie sich an Situationen erinnern, in denen Ihnen das Nähe-Bedürfnis eines Kindes zu groß war? Wie sind Sie damit umgegangen?

Oder: Wie gehen Sie damit um, wenn ein Kind sehr distanziert zu Ihnen ist? Stört Sie diese Distanz?

Der kleine Laborversuch

Achten Sie heute einmal bewusst auf Alltagssituationen, in denen Bedürfnisse nach Nähe und Distanz in der Interaktion zwischen Kindern, zwischen Erwachsenen und zwischen Kindern und Erwachsenen ausbalanciert werden. Wie gelingt dies feinfühlig und ohne Verletzungen?

Stellen Sie sich vor, Sie balancieren auf einem Alltags-Baumstamm. Wann brauchen Sie eine Hand, die Sie stützt, und wann wollen und können Sie eine Herausforderung allein meistern und benötigen eine gewisse Distanz für Wohlbefinden und Erfolgserleben? Wann befinden sich Kinder auf diesem Balance-Baumstamm? Können Sie im Alltag wahrnehmen, wann Kinder eine Hand zum Stützen brauchen und wann Sie ihnen das selbstständige Voranschreiten zumuten können?

Balance von Nähe und Distanz herstellen

Den Faden aufnehmen

ACHTSAM

In der Krippengruppe wird gerade das Mittagessen beendet. Die Fachkraft kommt mit einer Schüssel mit feucht-warmen Waschlappen zum Tisch. Sie kniet sich vor Jonas (1,2), reicht ihm einen Waschlappen und sagt: „Du hast noch Tomatensoße am Mund. Möchtest du dir das selbst abwischen?" Jonas nickt, nimmt den Waschlappen und wischt sich einmal schräg über den Mund. Dann legt er den Waschlappen auf den Tisch und schaut auf die andere Seite. Die Fachkraft sieht, dass Jonas noch Soße im Gesicht hat. Sie spricht ihn erneut an, wartet, bis er ihr sein Gesicht zugewendet hat, und sagt: „Jonas, da ist noch etwas mehr Soße an der Seite. Darf ich sie dir wegwischen?" Als Jonas nickt, wischt sie ihm mit dem Waschlappen über die Wange.

Fachlicher Impuls

Die Kompetenz, eine Balance von Nähe und Distanz zu wahren, zeigt sich besonders deutlich in Krisensituationen. Hat ein Kind Kummer oder Stress, sucht es vielleicht die Nähe zu uns, um sich trösten zu lassen oder sich beruhigen zu können. Solche Notlagen haben Vorrang und werden meist auch intuitiv „richtig" gelöst, indem Nähe hergestellt oder zugelassen wird. Etwas komplexer wird die Aufgabe, wenn das Kind Probleme hat, die aus seinem Bedürfnis nach Autonomie und Selbstständigkeit entstehen: Es möchte über die Bank balancieren, fällt aber immer wieder herunter; das Bauwerk funktioniert nicht wie geplant, das Kind möchte bei einem Spiel mitmachen, wird aber nicht akzeptiert. Hier ist eine andere Form von Nähe gefragt, um das Kind in der Bewältigung seiner Herausforderungen zu unterstützen. Es geht eher um eine gedankliche, konstruktive Nähe; eine Annäherung an seine Perspektive und das Verstehen, wie wichtig dieser „nächste Schritt" („Zone der nächsten Entwicklung", Wygotski, 1980) für das Kind ist. Daher drückt eine feinfühlige Begleitung (z. B. neben der Bank hergehen und Mut machen; das Bauwerk genau inspizieren und gemeinsam Ideen entwickeln; dem Kind attraktive Alternativen zu diesem einen Spiel anbieten) emotionale Nähe aus, was ihm gleichzeitig Räume der Eigentätigkeit eröffnet und sein Autonomieerleben stärkt.

Meine Resonanz zu diesem Impuls

Versetzen Sie sich einmal in die Lage von Jonas in der oben beschriebenen Situation. Wenn Sie das Kind wären, was würden Sie wohl empfinden? Was würden Sie mögen? Was nicht?

Der kleine Laborversuch

Beobachten Sie sich einmal selbst: Welche der alltäglichen (Körper-)Kontakte mit den Kindern würden Sie in gleicher Weise auch mit einem Erwachsenen gestalten? Begleiten und erklären Sie körperliche Nähe mit Worten? Welche Art von Kontakten würden Sie selbst wohl eher ablehnen? Welche Alternativen gäbe es?

Zur Teilnahme einladen

Den Faden aufnehmen

Fachlicher Impuls

Das Merkmal ‚Zur Teilnahme einladen‘ nimmt das eigene Verhalten in einem Gruppengeschehen in den Blick. Wie werden Kinder in ihrer Rolle als Gruppenmitglied gestärkt? Wie ist der Umgang mit zuschauenden Kindern oder mit Kindern, die vielleicht mit ganz eigenen Interessen zu einem Geschehen hinzukommen? Laden wir sie über Blickkontakt, Körperhaltung, Lächeln oder Worte dazu ein, dazuzugehören und mitzumachen? Jedes Kind hat das Bedürfnis nach Gruppenidentität, also danach, ein Wir-Gefühl zu entwickeln und ein selbstverständlicher Teil des Ganzen zu sein. Unabhängig von dem tatsächlich zu beobachtenden Verhalten, das vielleicht manchmal eine „andere Sprache spricht“, ist dies ein fundamentales Grundbedürfnis („Wir-Intentionalität“, Tomasello, 2012). In einer konkreten Interaktion kommt es also darauf an, ob dieses Bedürfnis erkannt und beantwortet wird und in welcher Weise dies geschieht.

Meine Resonanz zu diesem Impuls

Erinnern Sie sich noch an Ihre letzte Situation als „Neue“? Vielleicht in einem Team oder einer Gruppe? Was hat Ihnen das Ankommen in der neuen Umgebung erleichtert oder erschwert? Wann hatten Sie erstmals ein Gefühl der Zugehörigkeit? Hatten Sie das Gefühl, dass Sie willkommen sind?

Der kleine Laborversuch

Das Erleben von Zugehörigkeit/Nichtzugehörigkeit löst starke Gefühle aus. Das lässt sich auch in der Kita jeden Tag beobachten: Probieren Sie heute einmal bewusst aus, Kinder willkommen zu heißen, wenn es sich ergibt – morgens beim Ankommen, nach der Mittagspause, wenn Kinder in Ihren Raum oder zu Ihrem Angebote kommen, wenn Kinder Sie überraschen mit einer Frage oder einem Anliegen. Beobachten Sie sich selbst und die Reaktion der Kinder. Können Sie dem Gefühl der Zugehörigkeit nachspüren, das die Kinder sicherlich haben werden?

Zur Teilnahme einladen

Den Faden aufnehmen

Fachlicher Impuls

Häufig gibt es im Gruppenalltag sog. „Zaungäste", die bei einem Geschehen eher Beobachter sind. Neben einer offenen, einladenden Haltung allen Kindern gegenüber sollten ganz bewusst solche Zaungäste in ihrer Rolle als Gruppenmitglied gestärkt werden, damit ihr Zugehörigkeitsgefühl unterstützt wird – etwa durch eine warmherzige, freundliche Einladung. Eine Einladung zur Teilnahme wird dabei explizit offengehalten, um eine Ablehnung der Kinder zu ermöglichen. Eine Einladung kann verbal oder nonverbal (Blickkontakt, Körperkontakt etc.) erfolgen, ohne Druck auszuüben oder sie zu bedrängen. Kindern, die nicht an der gemeinsamen Aktivität teilnehmen, aber dabei sein wollen, wird dennoch Nähe und Beteiligung angeboten. Wenn eine aktive Beteiligung (z. B. in einem bereits fortgeschrittenen Spiel) schwer möglich ist, profitieren die Kinder von einer feinfühligen Entwicklung von Alternativen („Wir beide könnten als Team spielen"). Den Kindern wird dadurch Sicherheit und Orientierung geboten.

Meine Resonanz zu diesem Impuls

Welche wechselnden Rollen übernehmen Sie im alltäglichen Gruppengeschehen? In welchen Situationen sind Sie Beobachter*in, Bestimmer*in, Helfer*in, Mitspieler*in, Gastgeber*in, Ideengeber*in? In welchen Rollen fühlen Sie sich besonders wohl? Welche Rollen fallen Ihnen schwerer?

Der kleine Laborversuch

Beobachten Sie sich heute (ggf. rückblickend) genau in Ihrem Gruppenverhalten: Welche der oben genannten Rollen haben Sie häufig „besetzt"? In welchen der Rollen wurden Kinder zur Teilnahme ermutigt? Welche Rollen haben eher zur Teilnahme eingeladen und „Zaungäste" angezogen als andere? Welche Ihrer Tätigkeiten hat Kinder möglicherweise (unfreiwillig) ausgeschlossen? Hätte es Möglichkeiten gegeben, sie stärker teilnehmen zu lassen? Wie? Sie könnten auch einmal einen/eine Kolleg*in interviewen, welche Rollen sie oder er bei Ihnen wahrnimmt.

Zur Teilnahme einladen

Den Faden aufnehmen

Fachlicher Impuls

Welche Gründe mag es geben, dass Kinder häufiger oder regelmäßig eher zu den Zaungästen gehören, als sich aktiv zu beteiligen? Sind sie noch neu in der Einrichtung und tasten sich erst an das Gruppengeschehen heran? Sind sie unentschlossen, welcher Aktivität sie sich intensiver zuwenden wollen? Oder haben sie möglicherweise eine weniger gesicherte Stellung in der Gruppe, sind bei den anderen Kindern weniger beliebt? Es lohnt sich, das Verhalten dieser Kinder in solchen Situationen ganz genau zu beobachten (z. B. mittels Videografie). Wie reagieren sie auf unsere Einladung? Welchen Gesichtsausdruck, welche Körperhaltung erkennen wir, wenn wir ihnen eine besondere und beliebte Rolle anbieten; können sie sich etwas länger auf gemeinsame Spiele einlassen, wenn wir sie beim Erlernen der Regeln feinfühlig begleiten? Je nachdem, wie weit wir die Tür öffnen, werden die Kinder die Einladung auf ihre eigene Art und Weise annehmen. Wir übernehmen damit für die Gruppe zugleich die Vorbildrolle, dass ein Kind nicht ausgeschlossen wird, stärken sie und erhöhen ihre Attraktivität als Spielpartner*innen.

Meine Resonanz zu diesem Impuls

Und wie ist es bei Ihnen? Stehen Sie gerne im Mittelpunkt? Oder mögen Sie es nicht so gerne, wenn alle Blicke auf Sie gerichtet sind, andere Ihr Tun wahrnehmen und kommentieren? In welchen Situationen oder Gruppen genießen Sie die Aufmerksamkeit?

Der kleine Laborversuch

Sie kennen „Ihre" Kinder gut. Sicher haben Sie schon bemerkt, dass manche Kinder in speziellen Situationen „unsichtbar" werden oder insgesamt kaum „auftauchen". Wie könnte es gelingen, ein passiv oder schüchtern wirkendes Kind für eine kleine aktive Aufgabe zu gewinnen? Erstellen Sie eine kleine Ideenliste: Was mögen die Kinder gerne? Wann vergessen sie vielleicht ihr bisheriges Rollenmuster und werden aktiv? Wie können sie anderen zeigen, was sie können? Wie bekommen Sie von der Gruppe positive Aufmerksamkeit? Probieren Sie es aus.

Zur Teilnahme einladen

Den Faden aufnehmen

EINLADEN
Konnten Sie etwas Neues ausprobieren, um Kinder zur Teilnahme einzuladen? Wie kamen Ihre Ideen und Impulse an? Welche Reaktionen konnten Sie beobachten? Was hat Sie überrascht?

Fachlicher Impuls

Zaungäste sind oftmals auch am Rande von intensiven Gesprächen mit anderen Kindern zu finden. Beispielsweise hören jüngere Kinder, die erst am Beginn ihres Spracherwerbs stehen, mit den Ohren und den Augen genau zu und versuchen zu erschließen, worum es geht. Auch Kinder mit einer anderen Erstsprache werden sich möglicherweise nicht intensiv in ein philosophisches Gespräch einbringen oder in eine Erzählreise. Auch wenn viele Wörter oder Sinnzusammenhänge nicht gleich erschlossen werden: Das Erleben eines intensiven, entspannten und anregungsreichen Gesprächs zwischen Kindern und Erwachsenen übt eine magische Anziehungskraft aus und macht Zaungäste neugierig. Dürfen sie dabei sein und begleiten wir ihre Anwesenheit mit Wertschätzung, werden sie die Gesprächspartner*innen von morgen sein. Möchten sie sich beteiligen, können sich aber aufgrund ihrer sprachlichen Kompetenzen kein Gehör verschaffen, können wir die Kinder gegenseitig feinfühlig unterstützen, sich zu verständigen. Auch Methoden zur gegenseitigen Perspektivübernahme können helfen, die Kinder einzuschließen – ohne jedoch die anderen Kinder und die Gespräche zu vergessen.

Meine Resonanz zu diesem Impuls

Wenn Sie an Ihre eigene Kindheit denken: Gab es typische Sätze von Erwachsenen, die Kinder zu Gesprächen ein- oder vielleicht auch ausgeladen haben und die Ihnen wieder einfallen? Gibt es Sätze, die auch heute noch zu hören sind? Welche?

Der kleine Laborversuch

Es gibt so viele Möglichkeiten und Gelegenheiten für gemeinsames Sprechen, Spielen und Philosophieren, dass die Gestaltung einer konkreten Situation manchmal schwerfällt, um Gespräche zwischen den Kindern zu unterstützen. Auf alltägliche Routinen – Mahlzeiten, Waschen, Garderobensituationen oder Ähnliches – kann man sich in dieser Hinsicht aber ganz gut vorbereiten, weil sie ja täglich wiederkehren. Nehmen Sie sich vor, die nächste Routinesituation bewusst dialogischer zu gestalten und Gespräche zwischen Kindern anzubahnen bzw. zu unterstützen. Versuchen Sie, zu moderieren und nicht zu dominieren. Setzen Sie bei den unmittelbaren Tätigkeiten und Interessen der Kinder an. Entwickelt sich ein wechselseitiger Dialog – beziehen sich die Kinder aufeinander? Werden Blicke und/oder Worte gewechselt? Notieren Sie Ihre Erlebnisse. *(Anmerkung: Hierfür können Sie auch das GInA-Tagebuch nutzen, s. Exkurs III, S. 113.)*

Aufmerksam machen

Den Faden aufnehmen

Lerne aus der Vergangenheit, träume von der Zukunft und lebe im Hier und Jetzt.

Unbekannt

Fachlicher Impuls

Das Merkmal ‚Aufmerksam machen' bezieht sich auf das eigene Interaktionsverhalten, das darauf abzielt, Kinder für ein gemeinsames Geschehen zu interessieren und neugierig zu machen. Bei dem Merkmal steht nicht der Anregungsgehalt (die Inhalte) im Vordergrund der Beobachtung, sondern das Interaktionsverhalten selbst. Bemüht man sich um eine hohe gemeinsame Aufmerksamkeit der Beteiligten, ohne dabei unangemessen, übertrieben oder inkongruent zu wirken, kann das beziehungsförderlich wirken, weil mehr oder neue Gelegenheiten geschaffen werden, mit den Kindern zu interagieren.

Meine Resonanz zu diesem Impuls

Im Park, beim Einkaufen, auf der Straße, am Bahnhof: Überall, wo Kinder mit Erwachsenen unterwegs sind, lässt sie sich beobachten: die „Auf-etwas-zeigen-Geste" – auch bei älteren Kindern. Wo haben Sie heute schon diese Beobachtung gemacht?

Der kleine Laborversuch

Im alltäglichen Miteinander können die kleinen Gesten (auch gerade die Gesten der Kleinsten) leicht übersehen werden. Richten Sie Ihre Aufmerksamkeit in einer Alltagssituation (beim Essen, im Waschraum, beim Spielen, beim Wickeln) heute doch einmal bewusst auf das Zeigeverhalten eines Kindes. Folgen Sie seiner (verbalen/nonverbalen) Zeigegeste aufmerksam. Was entdecken Sie? Wie reagiert das Kind? Schon sind Sie mitten in einer Interaktion. Genießen Sie diesen Moment!

Aufmerksam machen

Den Faden aufnehmen

Aufmerksam machen und aufmerksam sein.

Fachlicher Impuls

Um aufmerksam zu machen, gibt es kein festes Schema. Eine Situation kann davon profitieren, sich einzufädeln, um einen anregenden Impuls zu geben. Aber auch das Gegenteil, nämlich sich auszufädeln, um die Kinder in ihrer Selbsttätigkeit zu unterstützen und auf ihre Kompetenzen hinzuweisen, kann angemessen und passend sein. Sowohl das Setzen von Impulsen und Herausforderungen als auch eine teilnehmende Beobachtung und das Geschehen laufen zu lassen können den Effekt erzeugen, dass die Interaktion in einer Atmosphäre anhaltend hoher Aufmerksamkeit verläuft. Eigenes Handeln (etwas explorieren, beobachten, gestalten) kann außerdem neugierig machen und gemeinsame Handlungen oder Gespräche anbahnen.

Meine Resonanz zu diesem Impuls

Welche Dinge des Alltags fesseln eigentlich Ihre Aufmerksamkeit? Muster, Töne, Wind oder Wolken? Können Sie Kinder damit anstecken? Welche Dinge des Alltags, die Kinder fesseln, können Sie beobachten? Suchen Sie nach gemeinsamen Deutungen.

Der kleine Laborversuch

Für diesen Versuch eignet sich besonders der Garten oder ein kleiner Spaziergang (auch durch die Kita). Richten Sie Ihre Aufmerksamkeit für eine kleine Weile gezielt auf etwas, was Sie wirklich spannend finden. Bringen Sie Ihre Entdeckung auch sprachlich positiv-aufmerksam zum Ausdruck: „Oh, was ist das denn?" Wie lange dauert es wohl, bis jemand neugierig wird und sehen möchte, was Sie sehen?

Aufmerksam machen

Den Faden aufnehmen

Fachlicher Impuls

Das Merkmal ‚Aufmerksam machen' hat ein einziges Ziel: Den Kindern die Erfahrung ermöglichen, dass gemeinsame Interaktionen mit Lust und Freude, Spannung und Bereicherung verknüpft sind und sich lohnen. Die beteiligten Kinder – und natürlich auch die Zaungäste – sollen sich angezogen fühlen, gerne dabei sein und eine Phase lang anhaltender Aufmerksamkeit und Engagiertheit erleben. Damit ist natürlich keine „Show" gemeint, in der wir als Entertainer*innen auftreten und die Kinder Zuschauer*innen oder bestenfalls Statist*innen sind. Es geht vielmehr darum, in den gemeinsamen Interaktionen selbst hoch engagiert zu sein und diese anregend, vielfältig und kongruent zu gestalten. Die Kinder fühlen sich involviert, wenn wir die verbalen/nonverbalen Signale der Kinder in vielfältiger Weise aufgreifen und sich die eigenen Äußerungen (Tonfall, Sprache, Mimik oder Gestik) daran orientieren.

Meine Resonanz zu diesem Impuls

Wann erleben Sie Momente gemeinsamer Aufmerksamkeit mit einem gewissen Zauber? Was und wer auch immer Sie verzaubern kann: Geben Sie diesen Momenten und Gefühlen einen Platz in Ihrer Erinnerung.

Der kleine Laborversuch

Zeigen Sie, wenn es sich aus der Situation ergibt, eine kleine Kostprobe aus Ihrem Stärkenrepertoire: Malen Sie ein Bild oder stimmen Sie ein Lied an oder einen Reim; erzählen oder lesen Sie eine spannende Geschichte, machen Sie Seifenblasen oder konstruieren Sie spontan ein Bauwerk. Wichtig ist, dass Sie selbst echte Freude an Ihrem Tun haben. Beobachten Sie die Kinder und gehen Sie auf ihre Ideen ein. Was entwickelt sich? Halten Sie Ihre spontanen Beobachtungen und Gespräche fest. (*Anmerkung: Dies wäre ein schöner Eintrag für das persönliche GInA-Tagebuch, s. Exkurs III, S. 113.*)

Aufmerksam machen

Den Faden aufnehmen

VORFREUDE

Sich schon freuen, obwohl ein Ereignis noch nicht eingetreten ist: eine Verabredung mit lieben Freunden, die nächste Reise, ein Familienfest und vieles mehr. Vorfreude ist eine wichtige Botschafterin für unsere Motivation. Und: (Vor-)Freude steckt an und verbindet!

Fachlicher Impuls

Anhaltend lange und anregende Interaktionen gelingen im Alltag nicht immer – es gibt zu viele Unvorhersehbarkeiten für Erwachsene und Kinder, die sich ohnehin nicht planen lassen. Umso stärker genießen wir gemeinsam mit den Kindern die Momente intensiver Interaktion und werden merken, ob wir die Kinder „fesseln" können. Eines ist jedoch klar: Zur echten Aufmerksamkeit kann man nicht gezwungen werden („Pass auf!"), denn sie entsteht nur dann, wenn sie sich für das Kind lohnt. Die Aufmerksamkeit kann auch auf zukünftige gemeinsame Aktivitäten gerichtet werden. Wenn sich das Kind auf etwas freut, was ihm wichtig ist und seine Bedürfnisse oder Interessen trifft, können wir es durch eine gemeinsame Vorfreude darin emotional begleiten.

Meine Resonanz zu diesem Impuls

Sind Ihre Gedanken bei Ereignissen, die in Ihnen große Vorfreude auslösen? Bleiben Sie doch für einige Augenblicke stehen, betrachten und genießen Sie Ihre Gedankenbilder. Sicher sind einige dabei, die einen „Rahmen" verdient hätten.

Der kleine Laborversuch

Versuchen Sie in einem Gespräch mit Kindern, Vorfreude auf später (oder morgen) zu verstärken oder zu aktivieren. Dies kann eine Mahlzeit, ein gemeinsamer Ausflug, ein Spiel oder ein Ort sein. Stellen Sie offene Fragen, die es ermöglichen, die Vorfreude in Worte zu fassen. Welche Vor-Freuden drücken die Kinder aus? Welche Worte finden sie? Wie können Sie selbst ausdrücken, dass Sie sich mitfreuen? Welche Reaktionen beobachten Sie?

Aufgeschlossen sein

Den Faden aufnehmen

Fachlicher Impuls

Das Merkmal ‚Aufgeschlossen sein' bezieht sich darauf, in welcher Weise wir bereit sind, auf eine Dynamik in den Handlungen der Kinder (z. B. Zielfluktuation im Spiel, Mogel, 2008) einzugehen bzw. dem Gruppengeschehen zu folgen und es in seinem Verlauf mitzugestalten. Eng damit verknüpft ist die Bereitschaft und Fähigkeit zur Prozessoffenheit. Es kommt also darauf an, ob wir in der Lage sind, mit Kindern in Aushandlungsprozesse über Ziele und Inhalte der Handlungen einzutreten und mit Überraschungen und Unerwartetem feinfühlig umzugehen.

Meine Resonanz zu diesem Impuls

Wenn Sie an die letzten Tage zurückdenken – in welchen Momenten ist es Ihnen gelungen, aufgeschlossen für die eigensinnigen Wege der Kinder zu sein? Wann ist ein Spiel/eine Interaktion mit Kindern in der letzten Zeit wirklich offen und dynamisch gewesen? Wann haben die Kinder Sie in ihrer Fantasie so überrascht, dass Sie kaum hinterherkam? Wann haben Sie gemeinsam etwas ganz Neues entdeckt und erfunden, was vorher nicht zu erwarten war?

Der kleine Laborversuch

Versuchen Sie, sich bei der nächsten Gelegenheit – ein spontanes Spiel oder ein vorbereitetes Angebot – bewusst offen für die Spieldynamiken der Kinder zu zeigen: Fragen Sie die Kinder, ob Sie mitspielen dürfen, welche Rollen/Aufgaben die Kinder Ihnen geben. Versuchen Sie zu erkunden, was als Nächstes zu tun ist usw. Lassen Sie sich auf die überraschenden Wendungen im Spiel ein und genießen Sie es, an der Kreativität der Kinder partizipieren zu dürfen. Was können Sie bei sich beobachten, welche Gefühle kommen auf, wenn Sie sich bewusst zurücknehmen und aufgeschlossen für das sind, was (von den Kindern) kommt?

Aufgeschlossen sein

Den Faden aufnehmen

Aufgeschlossenheit ist der Schlüssel zum Verständnis füreinander.

Ernst Ferstl

Fachlicher Impuls

Die Aufgeschlossenheit dafür, dass die beteiligten Kinder eigensinnige Gedanken- und Erkundungswege gehen, trägt indirekt auch zur Beziehungsgestaltung zur Kindergruppe bei. Denn es ermöglicht den Kindern, ihren Themen- und Handlungswechseln im Verlauf der Interaktion nachzugehen und ihre Beziehungen zu entwickeln, ohne dass die anwesende Fachkraft das Interesse verliert. Dabei ist es manchmal gar nicht so einfach, den Kindern zu folgen: Warum entwickelt sich auf einmal eine Aktivität anders als ursprünglich geplant? Warum bleiben die Kinder nicht bei ihrem ursprünglichen Thema oder ihrer Entscheidung? Wenn es einem gelingt, „am Ball zu bleiben" und der Spiel- oder Handlungsdynamik der Kinder einigermaßen zu folgen, wird man meist feststellen, dass dies eine spannende Entdeckungsreise zu den Spielwirklichkeiten der Kinder und damit ihren aktuellen Interessen ist. Geht man damit feinfühlig und engagiert um und besteht nicht auf den geplanten Verlauf, zeigt sich darin eine hohe interaktionsdynamische Kompetenz.

Meine Resonanz zu diesem Impuls

Wie sieht ein typischer Tag in Ihrer Einrichtung aus? Wann und wo gibt es Freiräume für Spiele und Entdeckungen? Reichen sie aus Sicht der Kinder aus?

Der kleine Laborversuch

Fragen Sie die Kinder: „Wie sieht ein typischer Tag in unserer Einrichtung aus? Wann und wo spielt ihr am liebsten? Fehlt etwas?" Notieren Sie die Antworten. Seien Sie aufgeschlossen dafür, was die Kinder Ihnen sagen, und nehmen Sie das Gesagte mit in die nächsten Planungsteams. Sie können gerne auch gemeinsam mit den Kindern weiterplanen. Vielleicht kann dieses Thema sogar zum Anlass genommen werden, eine Kinderkonferenz auszuprobieren und das Gesagte in die Tat umzusetzen.

(Hinweis: Hierzu passen auch die gemeinsamen Lerngeschichten auf S. 122, Exkurs III, Idee 8.)

Aufgeschlossen sein

Den Faden aufnehmen

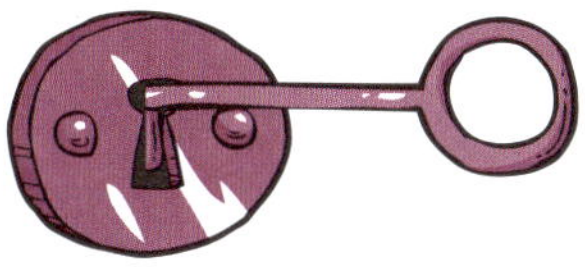

Die Tür zum gemeinsamen Nachdenken öffnen

Fachlicher Impuls

Wer oder was bestimmt den Gruppenalltag? Welche Strukturen, Abläufe, Regeln, Themen und Angebote wurden von uns festgelegt? Auf welchen Entscheidungen oder Zielen basieren sie? Inwieweit unterstützen sie die Ziele der Kinder, etwas Neues zu lernen und zu entdecken, sich selbst zu beweisen und zu entwickeln? Diese großen – auf Teamebene zu diskutierenden – Fragen zeigen sich meist auch im ganz konkreten Alltag: Wenn man in der Lage ist, sich in einem Gespräch, in einer Interaktion aufeinander einzulassen, wenn also eine gegenseitige Bezugnahme deutlich wird, erfährt man mehr davon, was in dem Gegenüber vorgeht. Geht man dagegen nicht auf Äußerungen oder Verhaltensweisen ein, die den geplanten Verlauf irritieren bzw. stören könnten, wird man auch nicht merken, ob die Kinder mitgenommen, ob sie erreicht werden. Das Abwechseln vom Impulse-Geben und Sich-Einlassen ermöglicht also eigentlich erst das so häufig geforderte „gemeinsame Nachdenken" („sustained shared thinking", Sylva et al., 2004).

Meine Resonanz zu diesem Impuls

Wann haben Sie einen intensiven Moment des – positiv erlebten – gemeinsamen Nachdenkens im beruflichen oder privaten Umfeld erlebt? Sind Sie gemeinsam auf gute Ideen gekommen?

Der kleine Laborversuch

Sammeln Sie Alltagsmomente des Aufgeschlossen-Seins und Sich-Einlassens zwischen Erwachsenen und Kindern. Dies können Momente sein, die Sie bei Kolleg*innen oder Eltern beobachten, bei Freunden oder Fremden oder auch bei sich selbst. Gibt es etwas, das diese Momente zu besonderen Momenten werden lässt? Vielleicht möchten Sie diesen Momenten jeweils einen Namen geben, damit Sie sich noch länger daran erinnern und anderen davon erzählen können? Gerne können Sie diese schönen Momente auch in Ihre Schatzkiste aufnehmen.

Aufgeschlossen sein

Den Faden aufnehmen

EXPERIMENTE

Im Herbst, in einer großen, offen arbeitenden Kita kurz vor der Abholzeit: Frau Meyer vermisst drei Kinder. Auf der Suche nach ihnen kommt sie am Waschraum vorbei. Im Waschraum sieht sie die drei Kinder und etwa 25 Paar Gummistiefel, alle schön aufgereiht und randvoll mit Wasser. Sie reagiert fassungslos: „Was soll das denn jetzt schon wieder? Was werden die Eltern sagen, wenn sie gleich die Kinder abholen und die Schuhe sind nass? Und wer macht das alles wieder sauber?" Als sie die betroffenen Gesichter der Kinder sieht, hält sie inne. Sie begibt sich zu den Kindern auf Augenhöhe und fragt, was sich die Kinder denn dabei gedacht haben. Nach einer kurzen Pause wagt sich eines der Kinder – noch etwas verunsichert – vor und antwortet: „Wir wollten ausprobieren, welche Gummistiefel dicht halten und welche nicht."

Fachlicher Impuls

Muss man auf alles eingehen, alles mitmachen, was den Kindern einfällt? Sicherlich nicht, denn es gibt ja aus gutem Grund Regeln und Vereinbarungen, aber auch wertebezogene Normen und Grundsätze, denen wir begründet folgen. Aufgeschlossen zu sein bedeutet also keinesfalls, beliebig seine eigenen Wege und Orientierungen zu verlassen, sondern es geht vielmehr darum, die Bedürfnisse „hinter" den Handlungen der Kinder zu erkennen und sich mit ihnen auseinanderzusetzen. In seinem eigenen Handlungsverlauf starr zu verharren, auch wenn die Kinder ganz offensichtlich außen vor bleiben, wäre sicherlich nicht angemessen.

Meine Resonanz zu diesem Impuls

Wo stoße ich beim Aufgeschlossen-Sein an meine persönlichen Grenzen? Wie gehe ich damit um?

Der kleine Laborversuch

Führen Sie sich eine ganz konkrete pädagogische Alltagssituation vor Augen und gehen Sie der Frage nach, welche Werte, Normen und Regeln Ihr eigenes Handeln in dieser Situation geleitet haben. Können Sie Ihr Handeln im Nachhinein fachlich begründen? Warum haben Sie welche Grenzen gesetzt? Warum wollten Sie etwas nicht zulassen? Wie haben Sie dies in der Situation den Kindern vermittelt?

Videografie kennenlernen – Exkurs I

Wie bereits die Merkmale zur Beziehungsgestaltung zeigen, erfordert die gelingende Gestaltung von Interaktionsgelegenheiten eine intensive Auseinandersetzung mit den eigenen – oft unbewussten – Verhaltensmustern. Da ein Innehalten im hektischen Praxis-Alltag selbst kaum möglich ist, erleichtert Videografie maßgeblich den Blick auf die Interaktion mit dem Kind und auf sich selbst.

Häufig begegnet uns in der Prozessbegleitung von Einrichtungen jedoch die Sorge, dass der „technische Teil" von GInA – die Videografie – schwer umzusetzen sei. Wir möchten Ihnen mit diesem Kapitel gerne diese Sorge nehmen: Videografiegestützte Beobachtung ist einfacher, als man denkt! Gleichzeitig möchten wir auch auf wichtige ethische und rechtliche Aspekte der Videografie hinweisen.

Damit Sie am Ende des Kapitels auch praktische Methodenkenntnisse erworben haben, laden wir Sie dazu ein, unsere Anregungen einmal für sich selbst zu üben; hierfür haben wir drei kleine Arbeitsaufträge in Form von „Laborversuchen" formuliert.

Videografiegestützte Beobachtung als Aufmerksamkeitsschulung – nicht als Fehlersuche!

Ein wichtiger Grundsatz für die Arbeit mit der Videografie ist, dass mit Interesse und Neugierde die wertvollen Potenziale von Gesprächsmomenten in den Blick genommen werden sollen. Durch die Videografie können Alltagssituationen festgehalten und anschließend ganz genau noch einmal beobachtet werden. Ganz besonders interessant ist natürlich das eigene Interaktionsverhalten in dieser Situation. Die Arbeit mit der Videografie dient damit der Aufmerksamkeitsschulung in eigener Sache: Indem die Aufmerksamkeit für das eigene Interaktionsverhalten gestärkt wird, werden zukünftige Gespräche bewusster und wahrscheinlich auch dialogorientierter gestaltet, weil sich die Selbstaufmerksamkeit in positiver Weise auf das eigene Verhalten auswirkt.

Dies wiederum wirkt unmittelbar auf das Verhalten der beteiligten Kinder zurück, funktioniert aber nur, wenn man bereit ist, einen ressourcenorientierten Blick auf sich zu richten: Was kann ich erkennen? (Nicht: Was kann ich *nicht* erkennen!). Welche Gelegenheiten zur Interaktion/zum Gespräch habe ich wahrgenommen/genutzt? (Nicht: Was habe ich verpasst?)

Es zeigt sich, dass der Aufwand der Videografie durchaus überschaubar und – angesichts der vielfältigen Nutzungsmöglichkeiten – auch vertretbar ist. Es geht keineswegs darum, Berge von Filmmaterial zu erstellen, die kaum zu bewältigen sind. Vielmehr kann mit etwas Übung ganz gezielt sehr wertvolles Material in jeder Kita und in jeder Situation gewonnen werden. In der Prozessbegleitung von Fachkräften/Teams hat es sich als sinnvoll erwiesen, mit wenigen Fachkräften bzw. Sequenzen zu starten.

Gelingt es beispielsweise, im Laufe eines Vormittags drei alltagstypische Filmsequenzen mit je ca. 4 Minuten aufzunehmen, reicht das für den Einstieg in das GInA-Verfahren für die nächsten drei Monate vollkommen aus! Für die Aus-/Weiterbildung werden ebenfalls pro Person drei 4-Minuten-Sequenzen erstellt (möglichst zu verschiedenen Zeitpunkten und in verschiedenen Settings), die dann jeweils die Basis für Anleitungs-/Reflexionsgespräche darstellen.

Wie die Aufnahme von GInA-Videosequenzen gelingt

- Die Filme werden während der üblichen pädagogischen Arbeit (keine „Laborsituationen") erstellt. Von Vorteil ist es, die Fachkraft, die sich filmen lassen möchte, über eine Zeit von insgesamt 45 Minuten zu begleiten und dann zu filmen, wenn sich für das GInA-Verfahren geeignete Situationen ergeben. Ob sich die Situation eignet, entscheidet nur eine einzige Bedingung: Die Fachkraft ist über 4 Minuten mit Kindern in einer Interaktion zu sehen (also im Bild). Die Anzahl und Beteiligung der Kinder kann innerhalb der Filmdauer wechseln, die Fachkraft sollte aber überwiegend in der Videosequenz zu sehen (und zu hören) sein.
- Da die Verhaltensäußerungen (Körpersprache, Gestik, Mimik) in den Blick genommen werden sollen, sollte die Fachkraft von vorn oder im Halbprofil gefilmt werden. Versuchen Sie, die Kamera ruhig zu halten (kein schneller Schwenk, kein Zoom), um die Szene möglichst „roh" zu belassen.
- Um Dialoge verstehen zu können, sollte der Abstand zu der Fachkraft und zu den beteiligten Kindern nicht mehr als 2,5 Meter betragen. Je höher die Geräuschkulisse, desto geringer sollte der Abstand sein.
- Die Videosequenzen können mit Camcordern, ggf. auch mit Smartphones aufgenommen werden. Es werden jeweils ca. 4-Minuten-Sequenzen aufgenommen. Dauert eine Interaktion länger, wird nach 4 Minuten die Aufnahme kurz gestoppt und sofort wieder fortgesetzt. Eine der so aufgenommenen Sequenzen wird später für das GInA-Verfahren ausgewählt. So kann ein mühevoller und zeitaufwendiger Schnitt des Filmmaterials vermieden werden.
- Nach der Videografie werden die einzelnen Sequenzen auf der Kamera gesichtet und wertloses Material (z. B. zu kurze Sequenzen) gelöscht. Die übrigen Sequenzen – erfahrungsgemäß sind es nicht mehr als 3 oder 4 Szenen pro Fachkraft innerhalb einer 45-Minuten-Begleitung – werden gesichert: Diese Sicherung kann entweder auf einer Festplatte (PC oder Laptop) oder auf einem externen Speichermedium (DVD, Speicherkarte oder USB-Stick) erfolgen.[5]
- Grundsätzlich bekommt ausschließlich zunächst die Fachkraft, die gefilmt wurde, die Videosequenzen. Ihr selbst bleibt es überlassen, ob und zu welchen Zwecken sie das Material zur Verfügung stellt.

5 Für die Datenaufnahme und die Datensicherung gelten strenge Datenschutzverordnungen (vgl. hierzu S. 60).

Der kleine Laborversuch

Üben Sie sich in der Rolle der/des Filmenden und der/des Gefilmten

Erstellen Sie in Ihrem privaten Umfeld eine 4-Minuten-Filmsequenz, um sich mit der Videografie anzufreunden (das Einverständnis Ihrer „Darsteller*innen" vorausgesetzt). Filmen Sie z. B. eine typische Frühstücksszene oder ein Abendessen, ein gemütliches Beisammensein, ein gemeinsames Spiel mit Familie oder Freunden. Anzahl und Alter der Teilnehmenden ist unerheblich. Achten Sie darauf, dass die Kamera (es kann auch ein Handy sein) funktionstüchtig ist, und machen Sie sich mit ihrem Gebrauch vertraut. Überlegen Sie sich vor dem Filmen, welche Personen bzw. Interaktionen Sie besonders in den Fokus nehmen möchten. Diese Personen sollten möglichst die ganze Zeit über im Film zu sehen sein, wobei vor allem ihre Mimik/Gestik erkennbar sein sollte. Achten Sie beim Filmen darauf, dass auch das Gesprochene verständlich ist. Der Abstand sollte umso kleiner sein, je größer die Geräuschkulisse ist, sonst dominieren im Film „Störgeräusche".

Nehmen Sie nun eine Position ein, die die Beteiligten nicht irritiert, und drücken Sie auf „Start". Ihre Kamera läuft jetzt ununterbrochen für 4 Minuten. Machen Sie sich während des Filmens „unsichtbar", d. h., Sie bewegen sich kaum und ganz langsam, machen keinen größeren Kameraschwenk und zoomen nicht: Sie beteiligen sich nicht an den Gesprächen, sondern verhalten sich als freundlich-stille*r Beobachter*in. Drücken Sie – auch wenn die Interaktion noch nicht zu Ende ist – nach 4 Minuten auf „Stopp".

Nun wechseln Sie die Rollen. Sie stehen jetzt im Fokus und werden in Ihren Interaktionen am Tisch/in der Gruppe gefilmt; eine andere Person, die Sie zuvor in die Videografie eingeführt haben, filmt. Sie beachten die Kamera nicht, sondern versuchen einfach, sie auszublenden. Lassen Sie zwei 4-Minuten-Sequenzen von sich erstellen.

Schauen Sie sich später die beiden Videosequenzen, die von Ihnen aufgenommen wurden, allein an. Wie sind die Sequenzen geworden – rein technisch gesehen? Wird die „echte" Szene gut wiedergegeben? Gibt es keine größeren Wackler oder Störgeräusche? Dann eignet sich die Sequenz für die Analyse nach dem GInA-Verfahren. Reflektieren Sie Ihre Gedanken und Gefühle: Wie war es, gefilmt zu werden? Hat sich im Laufe des Gefilmt-Werdens die Aufregung gelegt? Konnten Sie sich auf die Situation einlassen und die Kamera vergessen? Hat Ihnen das Filmen und Gefilmt-Werden bzw. anschließende Betrachten der eigenen Sequenzen neue Erkenntnisse gebracht? Gibt es etwas, was Sie an sich selbst neu entdeckt haben?

Denken Sie daran: Gehen Sie stärkenorientiert mit sich selbst um – freuen Sie sich mit, wenn Sie im Film gelacht haben; gefallen Sie sich, wenn Sie anderen zuhören konnten; staunen Sie über sich, wenn Sie eine gute Idee hatten oder Ihre Bemerkungen originell waren. Fühlen Sie sich wohl damit, sich selbst zu begegnen. Die anderen Personen im Film haben sich mit Ihnen auch wohlgefühlt!

Datenschutz beachten!

Videoaufnahmen in der Kita dürfen ebenso wie Fotografien grundsätzlich nur mit einer schriftlichen Einverständniserklärung der Eltern erfolgen. In der Praxis hat sich gezeigt, dass die Bereitschaft, diese Einwilligung zu geben, bei Eltern in der Regel umso größer ist, desto besser sie darüber informiert sind, für welchen Zweck diese Filmaufnahmen verwendet werden: Es geht um die pädagogischen Kernaufgaben von Interaktion und Beziehung – und damit um das Wohlbefinden der Kinder. GInA dient also unmittelbar der Qualitätsentwicklung der Einrichtung. Die Eltern werden daran interessiert sein und dies unterstützen, wenn es nicht sehr persönliche Gründe gibt, die dagegen sprechen und die zu respektieren sind!

Die Elterninformation kann beispielsweise im Rahmen einer Informationsveranstaltung stattfinden, auf der das GInA-Verfahren mithilfe eines Videobeispiels[6] veranschaulicht wird. Bei der Einführung des Verfahrens im Team sollte aber auch in den täglichen Tür- und Angelgesprächen sowie bei den Aufnahmegesprächen über die Videografie und ihren Sinn gesprochen werden. Dabei wird erläutert, wie die Filmaufnahmen entstehen und in welchem Rahmen sie genutzt werden. Es wird deutlich darauf hingewiesen, dass sie nur für interne Zwecke und nicht für die Öffentlichkeitsarbeit bzw. Homepage verwendet werden.

Liegt für ein Kind kein schriftliches Einverständnis der Eltern vor, ist entsprechend sorgfältig vorzugehen: Filmsequenzen, in denen das Kind zu sehen ist, müssen gelöscht werden bzw. das Gesicht des Kindes muss unkenntlich gemacht werden.

TIPP: Oftmals gibt es zum Datenschutz verbindliche Hinweise der Trägerverbände. Auch haben inzwischen einige Länderministerien Handreichungen herausgebracht, die wertvolle Orientierung bzw. Kopiervorlagen liefern (z. B. Ministerium für Kultur, Jugend und Sport Baden-Württemberg, 2015). Die Datenschutzbestimmungen betreffen auch die Sicherung und Speicherung von Filmmaterial. So muss sichergestellt werden, dass die Filme nur zu den vereinbarten Zwecken verwendet und anschließend gelöscht werden.

Filmszenen auswählen oder löschen

Weiter oben haben wir schon darauf hingewiesen: Grundsätzlich bekommt zunächst ausschließlich die gefilmte Fachkraft die Videosequenzen. Ihr selbst bleibt es überlassen, ob und zu welchen Zwecken sie das Material zur Verfügung stellt. Dies ist die wichtigste Voraussetzung dafür, dass die Fachkraft sich beim Gefilmt-Werden frei fühlt, weil sie weiß, dass sie selbst die Kontrolle über die Filme hat. Wird dieser Grundsatz befolgt, dann steigt die Wahrscheinlichkeit, dass sich die Fachkraft möglichst authentisch verhält. Die Tatsache, dass eine Kamera sie begleitet, wird nach unserer Erfahrung sehr schnell zur „Nebensache".

Die gefilmten Fachkräfte entscheiden also selbst darüber, ob und welche Szenen sie für die weitere Arbeit zur Verfügung stellen möchten. Aber wie ist das bei den Kindern? Nach welchen Kriterien sollten Sequenzen hinsichtlich der kindbezogene Aspekten ausgewählt

6 Hierfür eignen sich z. B. die Videografien von Stephan Ferdinand „Momente fühlen" und „Momente gestalten" (2014), die auch auf www.zfkj.de/gina zu finden sind.

werden? Grundsätzlich gilt hier, dass jede Gruppe und Konstellation von Kindern, die sich an der Interaktion mit der Fachkraft mehr oder weniger beteiligen, interessant für die GInA-Analysen sind. So eignen sich (vermeintlich) einfache Situationen ebenso für das GInA-Verfahren wie besondere Herausforderungen.

Allerdings gibt es auch Szenen, die für die weiteren Analysen nicht herangezogen werden und gelöscht werden sollten. Neben den rechtlichen Vorgaben zum Datenschutz spielen ethische Überlegungen eine Rolle bei der Auswahl der Filmszenen. Wir haben es uns von Anfang an zur Grundlage gemacht, nur mit Filmszenen zu arbeiten, die Kinder nicht beschämen oder entwürdigen. Szenen, in denen Kinder in massiv herausforderndem Verhalten zu sehen sind oder in denen sie durch das Verhalten anderer deutlich erkennbar verletzt werden, verwenden wir grundsätzlich nicht, um die Kinder kein zweites Mal zu beschämen oder zu entwürdigen. Dennoch sollte über diese Situationen selbstverständlich nachgedacht und gesprochen werden – hier reicht aber eine verdichtete Beschreibung der Szene, um im Team, auf Leitungs- oder ggf. Trägerebene über weitere Schritte beraten zu können. Wir blenden massive Konflikte und Probleme also nicht aus, jedoch verzichten wir bewusst auf die Verwendung von Filmmaterial zum Schutz der beteiligten Personen und wenden andere – nicht videogestützte – Reflexionsmethoden an. Ebenso verwenden wir keine Szenen, in denen ein Kind in einer unglücklichen Situation zu sehen ist (z. B. weil es sich erbricht). Auch die Intimsphäre wird geschützt (keine nackten Kinder, Windeln etc.).

Alle Filmszenen, die nicht aus den eben genannten Gründen ausgeschlossen werden, eignen sich für die GInA-Auswertung, sofern die Voraussetzung erfüllt ist, dass über die Zeit von ca. 4 Minuten eine Fachkraft in der Interaktion mit einem oder mehreren Kindern zu sehen ist. Egal, um was es bei der Sequenz thematisch geht: Jede Alltagssituation ist geeignet, um Interaktionsgelegenheiten zu finden und sie zu gestalten. Das Thema, der Ort, das Setting, die Anzahl der Beteiligten und ihre Aktivitäten können auch durchaus im Laufe der Sequenz wechseln. Wichtig ist nur, dass die Fachkraft über weite Teile der Videografie gut zu sehen und zu hören ist. Denn für die anschließende Reflexion auf Grundlage der GInA-Merkmale wird ihr Interaktionsverhalten in dieser speziellen Situation zur Grundlage genommen.

Der kleine Laborversuch

Führen Sie die Videografie im eigenen Kita-Alltag ein

Führen Sie – soweit noch nicht geschehen – die Videografie in Ihrer Einrichtung ein. Im Prinzip gilt das Gleiche wie bei der Fotografie: Eltern müssen ein informiertes Einverständnis geben (evtl. müssten die bestehenden Formulare erweitert werden) und Kinder sollten mit dem Medium vertraut gemacht werden. Hierzu kann man kleine Projekte machen, beispielsweise eine Entdeckungstour mit Camcorder durch die eigene Kita (z. B.: Was sind die Lieblingsorte der Kinder und warum? Oder man lässt sich die Erfindungen, Bauwerke, Spiele der Kinder vor laufender Kamera erklären, um später gemeinsam den Film anzuschauen).

Eine solche Einführung der Videografie in den Alltag empfiehlt sich, damit Kinder und Eltern das neue Medium kennenlernen und es Teil des Alltags wird. So kann erklärt werden, welche Vorteile es mit sich bringt, die Fachkräfte in ihrer Arbeit zu videografieren – hier sind dann die Fachkräfte die Hauptpersonen, nicht die Kinder, auch dies kann man zuvor erklären. Dabei wird außerdem deutlich gemacht, dass alle Menschen das Recht haben, selbst zu entscheiden, ob und wann sie gefilmt werden wollen. Je vertrauter alle in der Einrichtung mit der Technik der Videografie sind, desto selbstverständlicher wird anschließend auch das Erstellen von GInA-Filmen sein.

Der kleine Laborversuch

Erleben Sie sich selbst als Teilnehmende einer Interaktion

Sobald die technischen und datenschutzrechtlichen Voraussetzungen vorliegen, können Sie die ersten GInA-Filme von sich erstellen lassen. Bitten Sie eine*n Kolleg*in, Sie in ihrer alltagstypischen Arbeit für ca. 45 Minuten zu begleiten und dann zu filmen, wenn die Situation für eine spätere GInA-Auswertung günstig erscheint. Erklären Sie vorher, wie der/die Filmer*in am besten videografiert und sich während des Filmens verhält (s. Laborversuch, S. 59). Lassen sie ihr/ihm Zeit, sich auf die „Rolle" vorzubereiten, und überlassen Sie ihr/ihm, wann er/sie mit der Videografie beginnt (auf „Start" drückt). Bleiben Sie während des Gefilmt-Werdens ganz gelassen, denn es passiert nichts!

Lassen Sie sich nach dem Gefilmt-Werden die Kamera geben und schauen Sie sich bei der nächsten ruhigen Gelegenheit allein den Film an. Schauen Sie den Film zunächst einmal ohne Ton an („Stummfilmmethode"). Schauen Sie sich dann den Film noch einmal an, diesmal mit Ton. Erkennen Sie sich wieder? Wie geht es Ihnen, sich selbst zu sehen und zu hören? Sind die anderen Gefilmten genau wie immer oder wirken sie im Film anders? Ist es interessant zu sehen, wer auf wen in der Interaktion reagiert, wie die wechselseitigen Bezüge sind, welche Gesprächsverläufe, Überraschungen und vielleicht auch Missverständnisse zu erkennen sind?

Richten Sie den Fokus dann auf sich selbst: Wie gestalten Sie diese Situation (mit)? Können Sie sich vorstellen, die Sequenz – ganz für sich allein – einmal nach den ersten 11 GInA-Merkmalen zu analysieren? Welche Merkmale der „Beziehungsgestaltung" fallen Ihnen als Erstes ein? Mit welchen Merkmalen möchten Sie sich anhand der Videosequenz gerne einmal beschäftigen? Herzlichen Glückwunsch: Sie haben gerade sehr wertvolles Material für die nächsten GInA-Schritte gewonnen. Gerne können Sie Ihre Gedanken, Gefühle und Ideen aufschreiben oder mit anderen teilen.

4 Denken und Handeln anregen

Die GInA-Merkmale 12 bis 18 – Skala 2

Gemeinsame Aufmerksamkeitsräume herstellen

Den Faden aufnehmen

Fachlicher Impuls

Das Merkmal ‚Gemeinsame Aufmerksamkeitsräume herstellen' bezieht sich auf den Umgang mit dem Kompetenzgefälle zwischen Fachkraft und Kind(ern). Gelingt es, eine gemeinsame Gesprächsebene herzustellen, bei der Kinder Themen, Ideen und Gefühle entwickeln können, dann beteiligt man sich an den Lernerfahrungen der Kinder, nimmt individuelle Lernstrategien wahr und kann auf damit verbundene Herausforderungen und Emotionen eingehen. Damit signalisiert man den Kindern, emotional an ihren Lern- und Bildungsprozessen teilzuhaben. Die „gemeinsam geteilte Aufmerksamkeit" (Tomasello, 2012) wird auch als wichtige Grundvoraussetzung für Kooperationen angesehen.

Meine Resonanz zu diesem Impuls

Wenn Sie das Foto oben einmal genau betrachten: Woran können Sie erkennen, dass es – trotz großem Kompetenzgefälle – einen „gemeinsamen Aufmerksamkeitsraum" gibt? Welche Gedanken und Gefühle löst das Bild bei Ihnen aus?

Der kleine Laborversuch

Beobachten Sie sich heute einmal in Ihrem pädagogischen Alltag: Wo und wann nehmen Sie das oben beschriebene Kompetenzgefälle wahr? Wie gehen Sie damit um, wenn Sie mit Kindern Themen, Ideen und Gefühle austauschen? Wie schaffen Sie es, sich als ernsthaft Lernende in einer Lerngemeinschaft zu fühlen, obwohl sie in vielerlei Hinsicht „überlegen" sind?

Gemeinsame Aufmerksamkeitsräume herstellen

Den Faden aufnehmen

Fachlicher Impuls

Gemeinsame Aufmerksamkeitsräume können sich auf Bewegungs- und Körpererfahrungen, aber auch auf ästhetisch-sinnliche Erfahrungen oder auf Erfahrungen der geistigen Vorstellungswelt und Theorien beziehen. Nicht Thema und Inhalt stehen also im Zentrum, bei der Herstellung von gemeinsamen Aufmerksamkeitsräumen geht es vielmehr um das Erleben von gemeinsamen Entdeckungen und Erfahrungen. Kinder erleben sich in diesen Situationen als kompetent, weil sie einen Beitrag zu den Entdeckungen leisten und sie ihre Erfahrungsschätze einbringen können. Die Beteiligten finden gewissermaßen zueinander, indem sie sich einander zuwenden und mitteilen. Hierin stecken auch viele Aspekte des gemeinsam geteilten Nachdenkens („sustained shared thinking", Sylva et al., 2004).

Meine Resonanz zu diesem Impuls

Können Sie sich an eine Situation erinnern, in der Sie sich als Kind im Zusammensein mit einer/einem Erwachsenen als deutlich nicht-kompetent erlebt haben? Um was ging es? Wie haben Sie sich gefühlt? Hatte das Folgen für Sie? Zu welchen Schlussfolgerungen kommen Sie, wenn Sie sich nun in die Perspektive von Kindern versetzen?

Der kleine Laborversuch

Machen Sie Alltagsbeobachtungen in Ihrer Einrichtung: In welchen Situationen nehmen Sie gemeinsame Aufmerksamkeitsräume wahr? Gibt es Momente, in denen es leichter gelingt, gemeinsame Aufmerksamkeitsräume zu gestalten? Was braucht es dazu? Halten Sie ggf. Ihre Ideen fest. Sie können Sich gerne auch im Team darüber austauschen und Gelingens- und Hemmfaktoren herausarbeiten.

Gemeinsame Aufmerksamkeitsräume herstellen

Den Faden aufnehmen

Fachlicher Impuls

Wie gelingt es, in einem Alltag, der durch Routinen und täglich wiederkehrende Aktivitäten und Spielideen der Kinder geprägt ist, immer wieder gemeinsame Aufmerksamkeitsräume herzustellen? Wie kann trotz des großen Vorsprungs an Wissen und Erfahrungen ein hohes Maß an Aufmerksamkeit erreicht werden, die für gemeinsames Explorieren, Spielen, Denken gebraucht wird? Ein Zugang kann sein, sich in die kindlichen Perspektiven hineinzuversetzen: Wie wird die Situation möglicherweise – sicher kann man sich da nie sein – aus der Perspektive des zweijährigen Mädchens, des fünfjährigen Jungen, der beiden beteiligten Geschwister oder Freunde in der Situation erlebt? Wie entwickeln sich ihre Ideen, Gedanken, Gefühle in dem Moment? Was bringen sie ein? Wie teilen sie sich mit?

Diese Entdeckungstour stellt aus der Perspektive der Fachkraft gewissermaßen eine zweite Ebene dar, denn sie ist ja zugleich aktiv Beteiligte in dem Geschehen, indem sie ihre eigenen Ideen, Gedanken und Gefühle in dem Moment einbringt. Eine solche zweite Ebene ermöglicht es, aktiver an den Lernerfahrungen der Kinder teilzunehmen, als wenn man nur in der eigenen Perspektive verharrt.

Meine Resonanz zu diesem Impuls

Können Sie sich an eine Situation erinnern, in der Sie sich ganz auf die Perspektive eines anderen Menschen/eines Kindes eingelassen haben, obwohl sie Ihnen vielleicht fremd war? Was war der Anlass? Gab es überraschende Momente? Welche?

Der kleine Laborversuch

Versuchen Sie einmal, sich im Alltag fünf Minuten lang in die Perspektive eines anderen Menschen (eines Kindes, eine*r Kolleg*in, eines Elternteils) hineinzuversetzen. Wie sieht die Welt aus deren Augen aus? Was nehmen Sie wahr? Wie fühlen Sie sich? Inwiefern unterscheiden sie sich zu Ihrem eigenen Blickwinkel?

Gemeinsame Aufmerksamkeitsräume herstellen

Den Faden aufnehmen

ZUSAMMEN IM GESPRÄCH

„Ich musste mein ganzes Gehirn umdrehen" (Maja, 6 Jahre, in dem Versuch, eine intensive Gesprächsrunde mit einer Fachkraft und mehreren Kindern im Nachhinein zu erklären).

Fachlicher Impuls

Wenn es gelingt, tatsächlich eine forschende Haltung in einer „ganz normalen", für die Kinder aber keineswegs alltäglichen Situation einzunehmen, erhöht sich die eigene Aufmerksamkeit für die Kinder und ihre emotionalen Verhaltensäußerungen. Damit werden auch die Reaktionen auf Neuentdeckungen und kommunikative Äußerungen der Kinder selbstläufiger. Man reagiert engagierter und angemessener auf das, was die Kinder sagen oder tun, weil man selbst näher an ihren Interessen und Themen ist. Der kindlichen Perspektive zu folgen, bedeutet jedoch nicht, die eigene Perspektive aufzugeben, sondern sie durch eine zweite Blickrichtung zu ergänzen. Dabei geht es nicht nur darum, die Situation selbst intensiver zu erleben und aktiver mitzugestalten, sondern auch, etwas Neues von den Kindern zu lernen, sie in ihrem Denken, Fühlen und Handeln in dieser konkreten Situation zu verstehen (Theory of Mind, Premack & Woodruff, 1978).

Meine Resonanz zu diesem Impuls

Erinnern Sie sich an eine Situation, in der vielleicht auch Sie Ihr „ganzes Gehirn umdrehen" mussten?

Der kleine Laborversuch

Schauen Sie sich die „Kletterbaum"-Szene des Films „Momente fühlen" (zu finden unter www.zfkj.de/gina) gemeinsam mit eine*r oder mehreren Kolleg*innen an. In welcher Weise gestaltet die Fachkraft in dieser Szene aktiv einen Aufmerksamkeitsraum? In welcher Weise unterstützt sie die Kinder, Teil des Aufmerksamkeitsraumes zu sein? In welchen Momenten versetzt sich die Fachkraft in die Perspektive der Kinder? Woran können Sie das erkennen?

Erinnerungen stärken

Den Faden aufnehmen

Auf und ab – immer wieder.

Fachlicher Impuls

Das Merkmal ‚Erinnerungen stärken' bezieht sich auf gemeinsame Erlebnisse, auf die Sie und die beteiligten Kinder zurückgreifen können. Es können eigene Erlebnisse oder Kenntnisse berichtet, Gefühle und Gedanken ausgetauscht und Zusammenhänge zwischen Vergangenheit, Gegenwart und Zukunft hergestellt werden. Wenn die Fachkraft angemessen und feinfühlig auf gemeinsame Erlebnisse hinweist, sind dies Gelegenheiten, das Denken und Handeln der Beteiligten wieder hervorzurufen und sie in dem Aufbau biografischer Sequenzen zu unterstützen. In der konkreten Situation stärkt das die Gemeinschaft und das Bewusstsein für bereits Erlebtes, das man im Gespräch narrativ rekonstruieren und damit in gewisser Weise wieder erleben kann.

Meine Resonanz zu diesem Impuls

Haben Sie schon einmal einen speziellen Moment festhalten können? Mit einem Foto, einer Skizze, ein paar Stichworten oder einem Bild im Kopf? Wie geht es Ihnen dabei, sich an diese magischen Momente zu erinnern – vielleicht sogar gemeinsam mit anderen?

Der kleine Laborversuch

Suchen Sie heute einmal nach magischen Momenten im Alltag – aus der Sicht von Kindern: Gab es etwas Neues in ihrem Leben? Etwas ganz Besonderes, das sie Ihnen zeigen oder sagen wollten? Versuchen Sie, diesen Moment festzuhalten und ihn mit den Kindern bei der nächsten Gelegenheit im Gespräch wieder aufzugreifen und als gemeinsame Erinnerung zu stärken.

Erinnerungen stärken

Den Faden aufnehmen

Alle Erinnerung ist Gegenwart.

Novalis

Fachlicher Impuls

Welche Impulse sind in einer Situation sinnvoll, um Erinnerungen von Kindern zu stärken oder gemeinsame Erlebnisse aufzugreifen? Sicherlich können Situationen mit Impulsen überfrachtet werden und es wäre nicht angemessen, bei jeder Gelegenheit auf Vergangenes hinzuweisen. Manchmal liegt es aber auch auf der Hand, Erinnerungen aufzugreifen, und es ist erstaunlich, wie gut Kinder biografische Sequenzen auch in sehr frühen Jahren bereits erinnern. Besonders „Highlights" im Leben der Kinder bekommen im Gedächtnis einen Platz. Oftmals sind dies Situationen, in denen sich die Kinder selbst als stark und wichtig erlebt haben: Sie hatten eine gute Idee, sie konnten etwas zum ersten Mal, sie fanden eine Lösung oder Ähnliches. Indem sich die Kinder daran erinnern, werden die damit verbundenen (positiven) Gefühle wieder aktiviert und im Selbstkonzept der Kinder verankert. Ebenso kann auch an bewältigte Herausforderungen und Schwierigkeiten erinnert werden, wenn dies in der Situation naheliegt („Das letzte Mal habt ihr doch auch schließlich eine gute Lösung für euren Streit gefunden. Wie war das noch mal, erinnert ihr euch?").

Meine Resonanz zu diesem Impuls

Gibt es Lieblingserinnerungen Ihrer Kinder, von denen sie immer wieder berichten? Welche sind das? Welche (besondere) Rolle haben die Kinder dabei gespielt? Wie gehen Sie mit diesen Erinnerungen um?

Der kleine Laborversuch

Bieten Sie doch einmal aktiv ein Gespräch mit Kindern an: „Als ihr klein wart, an was könnt ihr euch denn da noch erinnern?" Einen sehr leichten Einstieg in ein solches Gespräch bietet dabei meist das letzte Geburtstagsfest. Sie werden möglicherweise staunen, von welchen starken Erinnerungen Ihnen schon die jüngsten Kinder (in ihren Sprachen) berichten.

Erinnerungen stärken

Den Faden aufnehmen

Fachlicher Impuls

Im pädagogischen Alltag gibt es Strukturen und Abläufe, Regeln und Ge- oder Verbote, die für das gemeinsame Zusammensein wichtig, notwendig und (hoffentlich) sinnvoll sind. Solche „Verkehrsregeln" ermöglichen Kindern, sich zu orientieren, Grenzen zu kennen und darin ihre Entscheidungs- und Handlungsspielräume zu erkunden. Erinnerungen an solche Regeln gehören daher auch zum Praxisalltag („Wir fangen hier immer alle gemeinsam an zu essen und warten noch einen Moment, bis alle ihren Platz gefunden haben"). Für die Fachkräfte und viele der Kinder sind die bestehenden Regeln selbstverständlich, sodass für sie ein kleiner Hinweis ausreichen würde („Wir warten noch, ok?"). Für Kinder, die mit den Regeln noch nicht so vertraut sind (z. B. weil sie noch nicht lange in der Einrichtung sind) oder die Sprache – bzw. den Sinn der Regeln – noch nicht gut verstehen, ist es aber erforderlich, diese immer wieder zu erinnern. Als Erinnerungsstützen helfen dabei Erklärungen, welche die Kinder nachvollziehen können („Alle Kinder haben ja jetzt Hunger, daher warten wir noch" oder „Wir sitzen hier gerne gemeinsam am Tisch, deshalb warten wir noch auf XY"). Die Erinnerung an Regeln sollte nicht von Ungeduld und Abwertung negativ gefärbt werden, sondern ebenso freundlich und stärkenorientiert erfolgen wie die Erinnerungen an positive Erlebnisse.

Meine Resonanz zu diesem Impuls

Regeln wirken immer – allerdings nicht immer in der gewünschten Weise. Welche Regeln wirken in Ihrer Kita in der gewünschten Weise? Welche nicht?

Der kleine Laborversuch

Regeln haben meist bessere Chancen auf Beachtung, wenn sie in Partizipationsprozessen entstehen. Versuchen Sie es doch einmal mit einer „kleinen" Regel: Besprechen Sie in Ruhe mit einer Gruppe von Kindern, welche Alltagssituationen oft zu einem Durcheinander führen (Problembeschreibung) und warum das so ist (Ursachenforschung). Lassen Sie die Kinder überlegen, wie diese Situation gestaltet sein sollte (Vision/Ziel). Ermuntern Sie die Kinder, diesen Zustand möglichst genau zu beschreiben. Schließlich bitten Sie die Kinder zu überlegen, was geschehen muss (Regel), damit aus dem aktuellen Durcheinander etwas Geordnetes entstehen kann.

Erinnerungen stärken

Den Faden aufnehmen

> *Man trägt doch eine eigentümliche Kamera im Kopfe, in die sich manche Bilder so tief und deutlich einätzen, während andere keine Spur zurücklassen.*
>
> Bertha von Suttner

Fachlicher Impuls

Erinnerungen sind wie innere Bilder aus der persönlichen Vergangenheit, die immer wieder einmal hervorgeholt und betrachtet werden können. Sie sind ideale Gesprächsgelegenheiten, wie beispielsweise auch die Arbeit mit den Portfolios der Kinder immer wieder zeigt: Sie können noch Monate und Jahre später sehr genau von bestimmten Momente erzählen, die mit Bildern oder Lerngeschichten in ihren Portfolios festgehalten wurden. Dieses gemeinsame Erinnern ist ein emotionaler Moment, die Kinder genießen solche Gespräche, weil sie unmittelbar an das anschließen, was sie „damals" schon sehr interessiert und beschäftigt hat. Ebenso wie solche Portfolio-Gespräche können auch alltägliche Situationen zum Austausch von Erinnerungen bei den Beteiligten führen, sofern sich die Gelegenheit ergibt. Die Kinder können auch durch aufmerksames Zuhören, erzählgenerierende Fragen oder eigene Äußerungen in ihrer Erinnerung gestärkt werden. Ein Ab- oder gar Ausfragen der Kinder ist damit allerdings nicht gemeint!

Meine Resonanz zu diesem Impuls

Kennen Sie das: Beim Aufräumen einer Schublade taucht ganz unerwartet ein (altes) Foto auf. Was löst dieser Fund aus? Sicher kennen Sie solche Entdeckungen. Mit Gefühlen verknüpfte Erinnerungen werden aufgerufen – unser Gedächtnis hatte sie nur aufgeräumt, nicht aussortiert.

Der kleine Laborversuch

Erinnerungen im Portfolio sammeln: Nehmen Sie sich bei der nächsten Gelegenheit einmal ganz bewusst 10 Minuten Zeit, um mit einem Kind sein Portfolio durchzublättern und einzelne Seiten – die Kinder entscheiden welche – anzuschauen. Lassen Sie dem oder den Kind(ern) Zeit, sich an Situationen zu erinnern, und lassen Sie sie erzählen.

Lebenswelten verknüpfen

Den Faden aufnehmen

Fachlicher Impuls

Das Merkmal ‚Lebenswelten verknüpfen' nimmt die lebensweltspezifischen Themen des Kindes und die entsprechenden Handlungskompetenzen der Fachkraft in den Blick. Gelingt es der Fachkraft, Hinweise des Kindes auf seine Lebenswelten aufzugreifen oder aus der Situation heraus selbst Hinweise zur Verknüpfung von Lebenswelten zu geben, zeugt dies von einem bewussten, reflektierten Umgang mit der Bedeutung von Lebenswelten für das Aufwachsen. Dabei ist darauf zu achten, dass die Gespräche über die Lebenswelten von hoher Wertschätzung und Akzeptanz geprägt sind. Besonders feinfühlig gilt es mit der kulturellen, sozialen und familiären Vielfalt umzugehen, um die Identitätsbildung und ein positives Selbstkonzept zu unterstützen (Leu, 1998).

Meine Resonanz zu diesem Impuls

Um sich in andere Familien einzufühlen und hineinzudenken, kann der Versuch hilfreich sein, die eigene vertraute Familienwelt mit den Augen anderer zu betrachten. Was würde anderen an meiner Familie wohl interessant, ungewohnt, seltsam, fremd oder eigenartig erscheinen?

Der kleine Laborversuch

Überlegen Sie einmal, wie viel Sie von bzw. über die Familienwelten der Kinder wissen. Was erscheint Ihnen an diesen Familien interessant, ungewohnt, seltsam, fremd oder eigenartig? Haben Sie Lust, mehr von den Familien zu erfahren? Überlegen Sie allein oder im Team, in welcher Form Gespräche über die Lebenswelten der Kinder voller Wertschätzung und Akzeptanz initiiert werden könnten. Wenn Sie mögen, können Sie Ihre Ideen notieren. *(Anmerkung: Hierfür eignet sich erneut Ihr GInA-Tagebuch, s. Exkurs II, S. 113.)*

Lebenswelten verknüpfen

Den Faden aufnehmen

Einander verstehen heißt sich ein gemeinsames Bild von der Welt zu machen.

Unbekannt

Fachlicher Impuls

Lebensweltliche Themen sind mit Herausforderungen für die Fachkraft verbunden. Zum einen können sensible Themen des Kindes (z. B. Ängste, Konflikte, Gewalt) Raum finden, die entsprechend kompetent aufgegriffen werden müssen. Zum anderen stellt die Auseinandersetzung mit unterschiedlichen Lebenswelten in einer Gruppe von Kindern hohe Anforderungen an die Gesprächsführung. In der konkreten Situation ist daher ein intuitives, allerdings erfahrungs- und theoriegeleitetes Handeln notwendig: Vertage ich das Gespräch lieber auf einen privateren Moment oder profitieren die Gruppe und das Kind davon, etwas jetzt genau in diesem Moment zu klären? Wie gelingt es, auch Vorurteile von anderen Kindern als „ihre" Perspektive anzunehmen und feinfühlig aufzugreifen, ohne anwesende oder abwesende Kinder durch negative Zuschreibungen zu beschämen oder auszugrenzen? Wie kann man die unterschiedlichen Lebenswelten, familiären, kulturellen und religiösen Unterschiede als spannende Lerngelegenheiten betrachten und die eigene – normativ geprägte – Brille ablegen? Hier hilft es möglicherweise, sich vertraute, erwachsene Gesprächspartner*innen vorzustellen, die aus ihrem Leben erzählen. Hier würden wir wahrscheinlich auch erst einmal gespannt zuhören und nachfragen und nicht gleich mit eigenen Bewertungen das Gespräch abkürzen oder gar beenden. Kinder sind stark geprägt von den Erwachsenen-Lebenswelten, in denen sie aufwachsen, haben aber selbst nur einen sehr geringen Einfluss darauf. Insofern kommt es in den Gesprächen mit ihnen darauf an, dass sie eine deutliche Akzeptanz für ihre Familie, Kultur und Religion wahrnehmen.

Meine Resonanz zu diesem Impuls

Was unterscheidet Sie eigentlich von anderen, worin liegt Ihr Anderssein? Wann treten Ihre persönlichen Besonderheiten besonders in Erscheinung? Wann oder wo sind Sie mit Ihrem Aussehen, Ihrer Herkunft, Ihrem Dialekt oder Ihren Vorlieben gar nicht außergewöhnlich?

Der kleine Laborversuch

Kennen Sie ein Lied oder eine Geschichte über das Anderssein? Bieten Sie es den Kindern an und kommen Sie – wenn es sich für die Kinder ergibt – über das Anderssein ins Gespräch. Was sagen die Kinder?

Lebenswelten verknüpfen

Den Faden aufnehmen

> *Jeder Tag ist ein Geschenk, manche sind nur nicht so schön verpackt.*
>
> Unbekannt

Fachlicher Impuls

Die Lebenswelten der Kinder können in gemeinsamen Aktivitäten oder Gesprächen auf vielfältige Weise verknüpft werden. So kann das Wissen, dass ein Geschwisterkind geboren oder der Großvater zu Besuch ist, in Gespräche eingebracht werden, wenn es sich gerade ergibt. Veränderungen oder Neuigkeiten (das Kind war gestern beim Arzt) können auch als Gesprächsanlass genutzt werden, weil davon auszugehen ist, dass das Kind sich ohnehin gerade mit diesen aktuellen Geschehnissen beschäftigt. Ob das Kind dann darauf eingehen möchte oder nicht, ist dabei gar nicht wesentlich, und es entscheidet selbst, was und wie viel es dazu berichten möchte. Für das Kind wird durch interessierte, wertschätzende Fragen signalisiert, dass man Anteil an seinem Leben nimmt und sich das Interesse an dem Kind nicht nur auf die Kita-Lebenswelt beschränkt. Je besser man die Kinder kennenlernt, desto leichter lassen sich möglicherweise dann auch Verhaltensweisen und Äußerungen der Kinder verstehen. Wichtig ist, die Lebensweisen in einer feinfühligen, offenen und respektvollen Weise anzusprechen; die Kinder dürfen, sie müssen aber nichts erzählen!

Meine Resonanz zu diesem Impuls

Prägende Lebensereignisse können sehr schön oder sehr traurig sein. Mit welchen setzen Sie sich immer mal wieder auseinander? Welche Bedeutung hat es für Sie, darüber sprechen zu können?

Der kleine Laborversuch

Lesen Sie doch einmal den Kindern eine gute „Lebensgeschichte" vor oder erzählen Sie eine, die für die Kinder zugänglich und verstehbar ist. Dies kann z. B. eine „Geschwistergeschichte", eine „Großelterngeschichte" oder auch eine „Abschiedsgeschichte" sein. Suchen Sie sich einen gemütlichen Rückzugsort dafür und lassen Sie den Kindern Zeit, selbst zu Wort zu kommen, wenn sie mögen.

Lebenswelten verknüpfen

Den Faden aufnehmen

Fachlicher Impuls

‚Lebenswelten verknüpfen' spielt auch im Hinblick auf das Zusammenleben in der Gruppe eine ganz große Rolle: Denn es sind nicht nur die verschiedenen Lebenswelten eines einzelnen Kindes, die interessant, bereichernd, aber natürlich auch herausfordernd sein können. Vielmehr bewegt sich jedes einzelne Kind in der Gruppe in teilweise sehr unterschiedlichen Lebenswelten; diese stoßen im Gruppenalltag dann förmlich aufeinander. So sind allein schon aufgrund der verschiedenen Familien- und Geschwisterkonstellationen der Kinder ganz unterschiedliche Verstehensleistungen und Handlungskompetenzen zu erwarten. Hinzu kommen sprachliche, kulturelle, religiöse, weltanschauliche oder auch politische Grundeinstellungen, die die Kinder bereits in frühen Jahren prägen. Diese Einflüsse können sich im Spiel durchaus auch als negative, abwertende und diskriminierende Äußerungen darstellen, ohne dass dies den Kindern selbst bewusst ist. Woher sollen sie wissen, dass es noch andere – vielleicht „bessere" – Grundeinstellungen gibt als die in ihrer Familie?

Meine Resonanz zu diesem Impuls

Wann haben Sie das letzte Mal eine große Vielfalt oder gesellschaftliche Diversität „live" erlebt? Welche Erlebnisse haben Sie als Bereicherung empfunden? Was war vollkommen neu?

Der kleine Laborversuch

Unterschiedliche Kulturen und Herkünfte drücken sich häufig auch in unterschiedlichen Geschmäckern aus. Wem schmeckt eigentlich was am besten? Regen Sie bei der nächsten Gelegenheit am Tisch doch einmal Gespräch über Lieblingsspeisen in den Familien, bei den Großeltern, bei den Nachbarn, in den Ferien an. Was mögen die Kinder am liebsten?

Kreativität unterstützen

Den Faden aufnehmen

Kreativität ist der Reichtum meiner Gedanken.

Roswitha Bloch

Fachlicher Impuls

Das Merkmal ‚Kreativität unterstützen' geht von der Leitfrage aus, ob sich aus einem Interaktionsverlauf heraus Ideen oder Pläne mit den Kindern entwickeln, die für das Denken und Handeln der Kinder einen weiteren Anregungsgehalt haben. Impulse können die Neugierde und Kreativität der Kinder wecken, wenn sie situationsangemessen sind. Jede Alltagssituation bietet prinzipiell Gelegenheiten, die Kreativität zu unterstützen. Dies kann sich in konkreten Handlungen ebenso wie in Gedankenspielen, Fantasiereisen, Problemlösestrategien oder Hypothesenbildung äußern (z. B. Theory of Mind, Premack & Woodruff, 1978).

Meine Resonanz zu diesem Impuls

Wann waren Sie das letzte Mal ganz in eine Sache versunken, mit allen Sinnen, Gefühlen und Gedanken bei dem, was Sie tun, hatten Lust am eigenen Tun, waren gespannt und überrascht (vielleicht sogar von sich selbst)?

Der kleine Laborversuch

Nehmen Sie Ihren heutigen oder nächsten Praxistag einmal kritisch unter die Lupe: Wann beschäftigen Sie die Kinder und wann widmen Sie sich dem, was die Kinder beschäftigt?

Kreativität unterstützen

Den Faden aufnehmen

Das Staunen ist eine Sehnsucht nach Wissen.

Thomas von Aquin

Fachlicher Impuls

Kinder sind selbst äußerst kreativ darin, ihre soziale und dingliche Umwelt zu erkunden. Es kann also durchaus angemessen sein, sie in ihrer Exploration „in Ruhe" zu lassen und keine zusätzlichen Impulse zu geben. Den Kindern so viel Zeit zu geben, wie sie brauchen, um Vorhaben zu beenden oder um selbst entscheiden zu können, wann sie „fertig" sind, kann also schon eine wesentliche Unterstützung sein. Die genaue Beobachtung der Kinder in ihren Aktivitäten zeigt oftmals ziemlich eindeutig, ob sie hoch engagiert und in ihre Explorationen vertieft sind.

Kreativität unterstützen bedeutet also nicht, immer etwas „Kreatives" anzubieten! Im Gegenteil, passgenaue Impulse können sich in einer Situation, in der die Kinder hoch kreativ sind, auch durch Staunen, Lächeln oder andere Formen der emotionalen Beteiligung ausdrücken.

Meine Resonanz zu diesem Impuls

Im Gegensatz zu den Kindern, für die mehr oder weniger alles neu und spannend ist, sind uns viele Dinge vertraut. Wann haben Sie das letzte Mal etwas neu entdeckt? Über was konnten Sie staunen? Wie haben Sie sich dabei gefühlt?

Der kleine Laborversuch

Verabreden Sie sich mit eine*r Kolleg*in im Waschraum. Waschen Sie Ihre Hände, als hätten Sie das noch nie zuvor getan. Sie kennen kein Wasser, Sie kennen keine Seife. Entdecken Sie Wasser, Seife und was sich damit machen lässt. Nehmen Sie Wasser, Seife und Ihre Tätigkeit ganz bewusst wahr. Was löst das in Ihnen aus? Tauschen Sie sich mit Ihre*r Kolleg*in über Ihre Erfahrungen aus.

Kreativität unterstützen

Den Faden aufnehmen

RELATIONEN

Die fünfjährige Lisa stellt ihren Schuh neben den der pädagogischen Fachkraft und sagt: „Ich habe kleine Füße, du hast große Füße." Die Fachkraft stellt ihren eigenen Schuh ein Stück weg, nimmt den Schuh der einjährigen Hannah, stellt ihn neben Lisas Schuh und erwidert: „Hannah hat kleine Füße, du hast große Füße – oder?"

Fachlicher Impuls

Wie die Kreativität der Kinder bestmöglich unterstützt werden kann, hängt stark von der Situation ab. Oftmals ist es auch ein Vorgehen nach dem Prinzip Versuch und Irrtum. So können zusätzliche Materialien und Objekte ebenso anregend wirken wie anschließende Fragen oder Rückmeldungen zu dem Beobachteten („Ich habe gerade gesehen/gehört, dass ihr ... bauen wollt? Habt ihr denn schon Ideen, wie ihr das machen könntet?"). Kreativität anregen kann auch, wenn in einer gemeinsamen Aktivität die Gedanken, Gefühle und Handlungen in Worte gefasst werden – denn die Kreativität lässt sich ja nicht immer „sehen", sondern spielt sich sehr häufig in den Köpfen ab. Hier werden Pläne geschmiedet, Ideen gegenseitig abgewogen oder Probleme gelöst. Wichtig bei all diesen „Versuchen" ist die prinzipielle Offenheit, dass Impulse auch abgelehnt, Fragen und Vorschläge ignoriert werden können. Im Rahmen der „Zone der nächsten Entwicklung" (Wygotski, 1980) sind Impulse, die die Kreativität der Kinder unterstützen, sinnvoll, sofern sie nicht übergestülpt werden.

Meine Resonanz zu diesem Impuls

Stellen Sie Kindern eher Fragen oder geben Sie eher Antworten? Rechnen Sie damit, im Gedankenaustausch mit Kindern etwas Neues zu erfahren?

Der kleine Laborversuch

Machen Sie sich einmal bewusst auf die Suche nach neuen – kindlichen – Perspektiven und verzichten Sie weitgehend auf „fertige Antworten". Wie reagieren die Kinder?

Kreativität unterstützen

Den Faden aufnehmen

Fachlicher Impuls

„Der Kreativität sind keine Grenzen gesetzt", heißt es häufig. Doch das stimmt nicht immer: Bestimmten Räumen sind bestimmte Funktionen zugewiesen; Spielobjekte sollten nicht „zweckentfremdet" werden; zu bestimmten Zeiten an bestimmten Orten gelten festgelegte Verhaltensweisen usw. Auch wenn es gute Gründe für diese Regeln geben mag, sollten sie im Team diskutiert werden. Ein guter Maßstab dafür, dass Kinder in ihrer Kreativität zu stark eingeschränkt werden, sind häufige Routinehandlungen oder -spiele. Langeweile, Unkonzentriertheit, Aggressionen oder anhaltende Unruhe können ebenfalls Anzeichen für fehlende Entfaltungsmöglichkeiten sein.

Meine Resonanz zu diesem Impuls

Welche dieser (Leit-)Sätze haben Sie selbst als Kind gehört? Welche haben Sie in letzter Zeit bei sich selbst gehört?

- „Mit dem Essen spielt man nicht!"
- „Wie fühlt sich das an?"
- „Wasser darf nicht verschwendet werden!"
- „Das ist aber spannend ..."
- „Überlege dir, was du auf das Papier malst, bevor du damit anfängst!"
- „Wie könnte das aussehen?"
- „Mach die Taschenlampe nicht kaputt!"
- „Probiere es doch mal aus ..."

Der kleine Laborversuch

Überlegen Sie einmal (allein oder mit eine*r Kolleg*in): Wo in Ihrem Alltag gibt es (Frei-)Räume, in denen Kreativität möglich und erwünscht ist? Wo setzen Sie der Kreativität Grenzen? Warum? Können diese Grenzen erweitert werden? Möchten Sie noch mehr Möglichkeitsräume schaffen? Gehen Sie der Kreativität zuliebe doch einmal über Ihre bisherigen Grenzen hinaus: Wie fühlt sich das an? Welche Reaktionen beobachten Sie bei den Kindern?

Autonomie anerkennen

Den Faden aufnehmen

Fachlicher Impuls

Das Merkmal ‚Autonomie anerkennen' geht der Frage nach, ob und in welcher Weise das Autonomiebestreben, das Kompetenzerleben und die Entwicklung des Selbstkonzepts durch das Interaktionshandeln der Fachkraft unterstützt werden. Wenn Kinder eigene Ideen oder Initiativen einbringen können, diese zugelassen und aufgegriffen werden, dann erleben sie, dass sie auf eine Situation oder Gruppe Einfluss nehmen können (vgl. hierzu auch Selbstwirksamkeitskonzept, self-efficacy, Bandura, 1997). Das Bedürfnis nach Autonomie gilt als eines der fundamentalen Grundbedürfnisse des Menschen.

Meine Resonanz zu diesem Impuls

Überlegen Sie: Was mache ich Tag für Tag für die Kinder, was mache ich mit den Kindern? Gibt es Punkte in der Rubrik „*für* die Kinder", die auch „*mit* den Kindern" gemacht werden könnten?

Der kleine Laborversuch

Wenn Sie Punkte gefunden haben, die Sie „*für* die Kinder" tun, versuchen Sie doch einmal, einige davon gemeinsam „*mit* den Kindern" zu machen. Fragen Sie Kinder, ob Sie Ihnen bei Ihren alltäglichen Dingen helfen wollen. Planen Sie dafür etwas mehr Zeit ein als sonst – es lohnt sich!

Autonomie anerkennen

Den Faden aufnehmen

GEDICHT VOM SPINATESSER

Bevor Olaf Grunnholm
Die Brücke über den
hellgrünen, reißenden Fluss Tra-Um
vollenden kann,
wird er verschleppt.
Als er nach langer Zeit
zu seiner Arbeit zurückkehren darf,
hat er das Geheimnis vergessen;
die Brücke
wird nie mehr zu Ende gebaut.
Olaf ist drei Jahre alt.
Man hat ihn von seinen Bausteinen
zum Spinatessen geholt.
Es stehen viele halbfertige Brücken
am hellgrünen, reißenden Fluss Tra-Um.

Josef Reding

Fachlicher Impuls

Ob den Kindern in angemessenem Maße Entscheidungs- und Gestaltungsspielräume gegeben werden, lässt sich am besten an ganz konkreten Alltagssituationen festmachen. Denn von einer grundlegenden partizipativen Haltung haben die Kinder nur dann etwas, wenn sie in für sie selbst bedeutsamen Situationen selbst mitbestimmen dürfen und zu ihrem (subjektiven) Recht kommen. Dabei geht es nicht darum, dass die Wünsche, Aufforderungen und Ideen der Kinder alle ermöglicht werden. Wichtig ist vielmehr, in welcher Weise darüber kommuniziert wird. Notwendige Einschränkungen der Autonomie erfolgen aus nachvollziehbaren Gründen und nicht, weil den Kindern unbegründet Gestaltungsspielräume genommen werden sollen.

Meine Resonanz zu diesem Impuls

Bitte ergänzen Sie die beiden Sätze:

Eine partizipative Haltung zu leben bedeutet für mich ....

Sie wird für mich sicht- und fühlbar, wenn ....

Der kleine Laborversuch

Sammeln Sie aus Ihrem Praxisalltag konkrete Beispiele, in denen Kinder Situationen maßgeblich mitentscheiden und gestalten.

Autonomie anerkennen

Den Faden aufnehmen

> *Ein Handel ist nur gut, wenn beide mit dem Ergebnis zufrieden sind.*
>
> Orientalische Weisheit

Fachlicher Impuls

Aushandlungsprozesse zwischen Kindern, aber auch zwischen Kindern und Fachkräften gehören zum Alltag in einer Kita. Solche Aushandlungsprozesse können so gestaltet werden, dass die Kinder ein Autonomieerleben haben, welches sie stärkt: Man hört ihnen aufmerksam zu und gibt ihnen so viel Zeit, wie sie brauchen, um ihre Perspektiven, Bedürfnisse und Interessen auszudrücken. Man bestätigt ihnen, dass man ihre Perspektive – zumindest in Teilen – versteht und dass ihre Äußerungen – teilweise – berechtigt sind.

Zu respektvollen Aushandlungsprozessen gehört auch, dass die eigene Perspektive verständlich und nachvollziehbar dargestellt wird. Ein „Basta!" ist aber keine Aushandlungsstrategie, die das Autonomieerleben stärkt. Es kommt in den Aushandlungen daher nicht nur auf das konstruktive Ergebnis an, von dem die Beteiligten überzeugt sein sollten. Stattdessen ist es zentral, dass der eigene Standpunkt der Beteiligten als bedeutsam wahrgenommen wird.

Meine Resonanz zu diesem Impuls

Haben Sie als Kind Aushandlungsprozesse oder auch Auseinandersetzungen erlebt, bei denen Ihnen aufmerksam zugehört wurde und Sie ernst genommen wurden? Warum erinnern Sie sich so genau an diese Situation?

Der kleine Laborversuch

Wie gehen Sie in Aushandlungsprozesse mit Kindern hinein? Abwartend, moderierend, gelassen oder eher bestimmend, deutlich, ungeduldig? Beobachten Sie sich einmal selbst in den nächsten „Verhandlungen" und versuchen Sie ihre ersten Reaktionsimpulse ruhen zu lassen. Versuchen Sie, die Aushandlungen als Lerngelegenheit für die beteiligten Kinder zu sehen, von denen sie viel mitnehmen können. Versuchen Sie, die Situationen entsprechend zu gestalten – lassen Sie die verschiedenen Perspektiven zu Wort kommen, geben Sie Gefühlsäußerungen Raum und Sprache, geben Sie den Beteiligten Zeit und Unterstützung, Lösungen zu entwickeln. Reflektieren Sie – gemeinsam mit den Kindern – anschließend den Prozess („Wie war es für euch, darüber zu sprechen?"). Vielleicht möchten Sie anschließend auch Ihren Kolleg*innen von der Situation berichten?

Autonomie anerkennen

Den Faden aufnehmen

Fachlicher Impuls

Kinder haben ein sehr unterschiedliches Bedürfnis danach, ihre Autonomie zu erleben oder auch auszuleben. Grund hierfür können Alters- und Entwicklungsphasen, das jeweilige Temperament oder familiale und außerfamiliale Erfahrungen sein. Jedes Kind ist einzigartig – und dies trifft auch auf das Autonomieerleben bzw. das Bedürfnis zu, dass die eigene Autonomie anzuerkennen ist. Diesem Bedürfnis kann man natürlich nicht immer gerecht werden, auch deswegen nicht, weil die Autonomiebedürfnisse eines Kindes möglicherweise im Konflikt zu den Autonomiebedürfnissen anderer Kinder in der Gruppe stehen.

Dadurch machen Kinder die wichtige Erfahrung: Man kann und muss seine eigenen Interessen auch zugunsten anderer zurückstellen. Nicht immer kann ich all das realisieren, was ich mir vornehme; selbst die besten Ideen lassen sich nicht immer (gleich) umsetzen. Kinder mit einem sehr starken Autonomiebedürfnis sollten aber nicht dafür bestraft werden, indem sie mehr als andere eingegrenzt werden. Die Gründe, den Kindern Grenzen zu setzen, müssen für alle gleich sein und sollten auch nicht als kindbezogene Zuschreibung formuliert werden („Du jetzt nicht schon wieder …"). Kinder, für die es eine große Anstrengung bedeutet, sich zurückzunehmen, sollten immer wieder Möglichkeiten erhalten, ihr Autonomieerleben zu stärken und daran Lust zu empfinden.

Meine Resonanz zu diesem Impuls

Wie geht es Ihnen, wenn das Autonomiebedürfnis eines Kindes im Konflikt mit anderen Bedürfnissen oder Erfordernissen (Ihren, denen anderer Kinder, der Strukturen etc.) steht?

Der kleine Laborversuch

Tauschen Sie sich mit eine*r Kolleg*in aus: Wie kann es gelingen, das Autonomiebestreben eines Kindes anzuerkennen, auch wenn diesem (gerade) nicht nachgegangen werden kann? Fallen Ihnen vielleicht Situationen ein, in denen das gelungen ist?

Bestärken und ermutigen

Den Faden aufnehmen

SEHNSUCHT NACH DEM ANDERSWO

"I'll teach you how to jump on the wind's back, and then away we go."

James Matthew Barrie

Fachlicher Impuls

Das Merkmal ‚Bestärken und ermutigen' geht auf das von Bandura (1986) beschriebene „encouragement" und seine große Bedeutung für die sozial-kognitive Entwicklung zurück. Hierbei rücken die Ermöglichung neuer Erfahrungen und das bestärkende und ermutigende Interaktionsverhalten der Fachkraft in den Fokus. Denn durch eine feinfühlige Begleitung der Kinder bei (neuen) Herausforderungen oder Erfahrungsgelegenheiten kann das Vertrauen in die Fähigkeiten des Kindes ausgedrückt, Stärken und Ressourcen benannt oder Mut gemacht werden, etwas zu probieren. Zugleich erhalten die Kinder inhaltliche Rückmeldungen im Sinne passgenauer Anregungen und eines qualitativen Feedbacks („Scaffolding", Wood et al., 1976).

Meine Resonanz zu diesem Impuls

Ab und zu brauchen wir sie: die Ermutigung von anderen, von Menschen, denen wir vertrauen. Mal geht es um einen kleinen nächsten Schritt, mal um eine das Leben verändernde Entscheidung. Welche Ermutigungen haben Sie als echte Entscheidungshilfe in Erinnerung?

Der kleine Laborversuch

Wann haben Sie das letzte Mal etwas zum allerersten Mal gemacht? Probieren Sie heute etwas Neues im Beisein von anderen aus – es kann der Versuch sein, eine riesige Seifenblase zu erzeugen, den Ball in den Basketballkorb zu werfen, ein Kopfstand, ein Balanceakt über eine Bank oder Töne auf einem Ihnen unbekannten Instrument. Wie reagieren die anderen? Wer bestärkt und ermutigt Sie?

Bestärken und ermutigen

Den Faden aufnehmen

Hilf mir, es selbst zu tun.
Zeig mir, wie es geht.
Tu es nicht für mich.
Ich kann und will es alleine tun.
Hab Geduld, meine Wege zu begreifen.
Sie sind vielleicht länger,
vielleicht brauche ich mehr Zeit,
weil ich mehrere Versuche machen will.
Mute mir auch Fehler zu,
denn aus ihnen kann ich lernen.

Nach Maria Montessori

Fachlicher Impuls

Kinder bestärken und ermutigen kann man in jeder alltäglichen Situation, solange es der Situation angemessen ist und kongruent geäußert wird. Situationsangemessen bedeutet nicht, Kinder mit immer neuen Aufgaben zu bedrängen oder zu überfordern, sondern es heißt, Herausforderungen und Erfahrungsgelegenheiten angemessen aufzugreifen oder herzustellen. Dabei sollte die Freude daran vermittelt werden, etwas auszuprobieren. Auch kann explizit Mut gemacht werden, etwas Neues kennenzulernen. Ob eine Äußerung stärkt oder schwächt, ob man durch eine Aufgabe eher ermutigt oder entmutigt wird, ist individuell sehr unterschiedlich und hängt vor allem davon ab, ob man sich bereit dafür fühlt, ob man der Aufgabe – mit Hilfe – gewachsen ist. Das Signal der Bestärkung und Ermutigung sollte sich daher feinfühlig daran anschließen, was das Kind ausdrückt. Ob das Kind die Einladung, seine Erfahrungen zu erweitern, annimmt, bleibt ihm selbst überlassen.

Meine Resonanz zu diesem Impuls

Wie lange schaffen Sie es, Kindern beim Ausprobieren zuzusehen, ohne den Impuls zu verspüren, zu helfen oder einzugreifen? Wann gelingt es eher, wann fällt es Ihnen schwer? Wann möchten Sie selbst etwas ausprobieren, ohne dass jemand von außen eingreift?

Der kleine Laborversuch

Geduldsprobe: Nehmen Sie sich bewusst vor, das Kind zu ermutigen und zu bestärken, aber *nicht* mit den eigenen Händen einzugreifen, wenn ein Kind gerade zum ersten Mal (oder wiederholt) versucht, eine neue Fähigkeit zu erwerben. Das kann in allen Spielbereichen der Fall sein. Zeigen Sie dem Kind durch ihren Blickkontakt oder mit Worten, dass Sie sein Bemühen wahrnehmen und seine Anstrengung schätzen. Das Kind spürt genau, wann es „Geschafft!" rufen kann – das ist der Moment seines Erfolgserlebnisses! Sammeln und dokumentieren Sie kindliche Erfolgserlebnisse: Sie sind Belohnung für Ihre Geduld.

Bestärken und ermutigen

Den Faden aufnehmen

Fachlicher Impuls

Es gibt Situationen, in denen es für Kinder ganz besonders wichtig ist, bestärkt und ermutigt zu werden. Hierzu gehören Situationen, die von Unsicherheit und Ängsten geprägt sind. Das berühmte Beispiel der „visuellen Klippe", die ein Kind eher überquert, wenn die Bezugsperson freundlich und zuversichtlich nickt, als wenn sie besorgt schaut, belegt die große Wirkung der Emotionsübertragung auf das Kind (Sorce et al., 1985). Die Erfahrungen, dass es guttut, in einer schwierigen Situation unterstützt zu werden, und dass diese Unterstützung ein Gefühl der Stärke erzeugt, hat jede*r schon einmal gemacht. Auf diese Erfahrung kann man auch in zukünftigen Situationen zurückgreifen: Das Resilienzkonzept betont unter anderem die Bedeutung von solchen positiven Erfahrungen (Fröhlich-Gildhoff & Rönnau-Böse, 2014; Rönnau-Böse & Fröhlich-Gildhoff, 2015). Die Bestätigung von anderen stärkt so das positive Selbstkonzept eines Kindes, es wird eher in der Lage sein, zukünftige Herausforderungen und Krisen zu bewältigen, weil es sich in früheren Situationen als stark erlebt hat.

Meine Resonanz zu diesem Impuls

Wann ist es Ihnen in der letzten Zeit einmal gelungen, Ihre Komfortzone durch die Überwindung einer persönlichen Schmerzgrenze auszudehnen? Erinnern Sie sich an den Moment der Erleichterung und Freude, es gewagt zu haben?

Der kleine Laborversuch

Schauen Sie sich in einer kleinen Kindergruppe den „Grüffelo" (Scheffler & Donaldson, 2002) oder ein vergleichbares Buch an. Die Geschichte ist für alle Kinder eine Chance, über eigene Angstvorstellungen zu sprechen. Vielleicht überlegen Sie mit den Kindern, was man alles tun kann, um sich gegenseitig Mut zu machen.

Bestärken und ermutigen

Den Faden aufnehmen

MUT HABEN
Konnten Sie mit Kindern schon das Thema „Mut haben" besprechen? Welche Mutmacher-Ideen hatten die Kinder? Was verbinden sie mit den Worten „Bestärken" und „Ermutigen"?

Fachlicher Impuls

Bestärken und ermutigen äußern sich in konkreten Zuwendungen zu einem Kind und in einer zu der konkreten Situation passenden Äußerung. Weder ein pauschales Lob („Schön!") noch eine allgemeine Floskel („Du bist toll!") erfüllen diese Kriterien. Sinnvolle Möglichkeiten, die Kinder in ihren individuellen Schritten zu bestärken und ermutigen, sind hingegen die Benennung von Stärken und Ressourcen, wenn die Situation hierfür eine gute Gelegenheit bietet. Indem Sie die Kompetenzen – dies können körperliche, sprachlich-kognitive oder auch sozial-emotionale Kompetenzen sein – differenziert benennen, machen Sie sie dem Kind bewusst. Damit werden diese Kompetenzen auch in dem Wortschatz der Kinder einen Platz finden und diese werden später selbst ihre Stärken und Ressourcen benennen können. Ob ein Lob als bestärkend und ermutigend erlebt wird, hängt davon ab, ob die Kinder es als nachvollziehbar und echt (kongruent) wahrnehmen.

Meine Resonanz zu diesem Impuls

Echtes Lob tut gut. Zu viel Lob kann auch unangenehm sein, vor allem, wenn wir tief in uns wissen, dass wir uns nicht so viel Mühe gegeben haben, wie es in dem Lob zum Ausdruck gebracht wird. Für eine echte Anstrengung gelobt zu werden, beflügelt allerdings sehr. Wann haben Sie zum letzten Mal ein echtes Lob bekommen und wofür?

Der kleine Laborversuch

Überlegen Sie einmal, wie Sie die Anstrengungen – emotional, körperlich, sprachlich, kreativ, gedanklich usw. – am besten beobachten, ihnen nachspüren und sie ausdrücken können. Das sind Rückmeldungen, die die Kinder stärken und ihnen für zukünftige Anstrengungen Mut machen. Wie können Sie Kinder, die an „einfaches Lob" gewöhnt sind oder dieses häufig einfordern, überraschen, indem Sie nicht die Produkte/Leistungen, sondern die Ideen/Wege/Lösungen würdigen?

Forschen anregen

Den Faden aufnehmen

> *Der Mensch spielt nur, wo er in voller Bedeutung des Wortes Mensch ist, und er ist nur da ganz Mensch, wo er spielt.*
>
> Friedrich Schiller

Fachlicher Impuls

Das Merkmal ‚Forschen anregen' bezieht sich auf die interaktionsbezogenen Handlungskompetenzen bei der Begleitung und Unterstützung von Explorations- und kognitiven Aneignungsprozessen der Kinder. Eine wichtige Rolle spielt hierbei auch die eigene forschende Haltung der Fachkraft und die Angemessenheit ihres Interaktionsverhaltens. Anregend können das Aufgreifen von Ideen und Impulsen der Kinder sein sowie eigene passgenaue Fragen oder Impulse (vgl. hierzu auch „sustained shared thinking", Sylva et al., 2004). Ebenso können eigene Handlungen und Beobachtungen (z. B. naturwissenschaftliche Experimente) oder der gedankliche Austausch in einer Gruppe im Vordergrund stehen.

Meine Resonanz zu diesem Impuls

Haben Sie als Kind selbst gerne die Welt erkundet und erforscht? Wie sieht es heute aus? Was brauchte es, um „gut" forschen zu können?

Der kleine Laborversuch

Versuchen Sie sich heute als Forschende*r im eigenen Praxisalltag. Was entdecken Sie, wenn Sie sich auf den Boden setzen und die Decken, die Fenster und Türen vom Boden aus betrachten? Wie sieht der Raum aus, wenn Sie auf die höchste Leiter klettern? Was sehen Sie, wenn Sie schaukeln oder auf die Turnmatte springen? Gehen Sie mit den Kindern ins Gespräch über Ihre Entdeckungen und lassen Sie die Kinder zu ihren Entdeckungen zu Wort kommen.

Forschen anregen

Den Faden aufnehmen

UNFUG

Michel und Ida haben beobachtet, dass das Huhn Hinke-Lotta seit Tagen immer verschwindet, um seine Eier zu legen. Auf der Suche nach dem Eierversteck verfolgen sie Lotta und finden schließlich das Versteck: „Und Ida zählte. Neunzehn Eier lagen in der Mulde. Ein Glück, dass es nicht mehr waren, denn Ida konnte nur bis zwanzig zählen. ‚Begreifst du denn nicht, wie dumm du bist', sagt Michel zu Lotta. ‚Hier liegen deine Eier doch in der Wärme und verfaulen.' ‚O wei, wenn die Eier verfault sind', rief Ida, ‚dann will ich die aber nicht im Pfannkuchen haben.' ‚Mach doch eins kaputt und riech dran', sagte Michel. (…) Und Ida nahm ein Ei und schlug es an dem Birnbaum auf, der da stand. (…) ‚Nee, an dem Ei war nichts dran', sagte sie. (…) Und dann lief Michel los, denn er wollte Hinke-Lotta in ihr Legenest im Hühnerstall setzen. ‚Aber das hier sieht ziemlich faul aus', sagte Ida zu sich selber und hob ein Ei auf. Die ging damit zum Birnbaum und knackte es auf. ‚Igitt, wie das riecht!', sagte sie. ‚Das hab ich mir doch gleich gedacht.' Und sie stellte sich vor, wie ekelhaft es wäre, so ein Ei im Pfannkuchen zu haben. (…) Und sie nahm ein neues Ei. (…). Als Michel wiederkam, stand Ida da und wischte sich die klebrigen Finger an der Schürze ab. ‚Rate mal, wie viel faul waren', sagte sie. ‚Zwei Stück!' Dann dachte sie nach und sagte etwas kleinlaut: ‚Aber aus den siebzehn anderen hätte man Pfannkuchen machen können.'"

Astrid Lindgren

Fachlicher Impuls

Beim Interaktionsverhalten der Fachkraft spielt der wechselseitige Bezug zu den Kindern eine große Rolle. Zeigen diese beim Erforschen deutliche Anzeichen von Engagiertheit und Zufriedenheit (Laevers et al., 1999), sind die Anregungen passgenau. Wirken sie dagegen passiv, gehen die Anregungen möglicherweise an ihren Interessen vorbei.

Meine Resonanz zu diesem Impuls

Manchmal sind die Interessen der Kinder, die hinter ihrem Erforschen der Welt stehen, für uns zunächst nicht nachvollziehbar oder sie stehen im Widerspruch zu unseren eigenen Vorstellungen. Fallen ihnen Kinder ein, deren Forschungsdrang so groß ist, dass sie damit auch immer wieder an Grenzen der Regeln und des sozialen Miteinanders stoßen? Was lösen diese Verhaltensweisen bei Ihnen aus?

Der kleine Laborversuch

Lesen sie doch einmal die kurze Geschichte von Klein-Ida den Kindern vor und sprechen mit ihnen über ihre Forscher-Erlebnisse. Welchen Sinn machen Forschungen aus Kindersicht?

Forschen anregen

Den Faden aufnehmen

Man muss Geduld haben

Mit dem Ungelösten im Herzen,
und versuchen, die Fragen selber lieb zu haben,
wie verschlossene Stuben,
und wie Bücher, die in einer sehr fremden Sprache
geschrieben sind.

Es handelt sich darum, alles zu leben.
Wenn man die Fragen lebt, lebt man vielleicht allmählich,
ohne es zu merken,
eines fremden Tages
in die Antworten hinein.

Nach Rainer Maria Rilke

Fachlicher Impuls

Forschende Aktivitäten finden überall im Alltag statt. Wann und wo ist es dann sinnvoll, das Forschen noch anzuregen – ist es überhaupt notwendig? Hier helfen Fragen an sich selbst und eine genaue Beobachtung der Kinder: Wie können sie in ihren Explorationen noch zusätzlich unterstützt werden. Helfen beispielsweise Werkzeuge, Mess- und Wiegeinstrumente, um etwas „genau unter die Lupe" nehmen zu können? Welche Fragen können die Kinder in ihren Denkprozessen anregen und wie können Fragen offen genug, aber nicht überfordernd gestellt werden? Welche Impulse können die Erkundungen der Kinder verlängern oder erweitern? Bei den Impulsen bewirken sehr kleine Anregungen, die „im Vorbeigehen" gegeben werden, oftmals mehr als lange vorbereitete Vorträge. Die Kinder werden sich ohnehin nur das zu eigen machen, was gerade angemessen erscheint.

Meine Resonanz zu diesem Impuls

Worüber können Sie am meisten staunen, wenn Sie Exploration und Spiel bei den Kindern beobachten?

Der kleine Laborversuch

Versuchen Sie heute, die Kinder in ihren Forschungen aktiv zu unterstützen – regen Sie „beiläufig" an, die im Raum/in der Einrichtung vorhandenen Werkzeuge, Mess- und Wiegeinstrumente zu nutzen, wenn es sich gerade anbietet. Fragen Sie sie, ob Sie bei einem Experiment der Kinder zuschauen oder mitmachen dürfen. Bemerken Sie die neuen Fragen der Kinder (und Ihre eigenen), die sich aus dem gemeinsamen Tun ergeben?

Forschen anregen

Den Faden aufnehmen

Bildung ist die Anregung aller Kräfte eines Menschen, damit diese sich über die Aneignung der Welt wechselseitig entfalten. Bildung soll somit zu einer sich selbst bestimmenden Individualität oder Persönlichkeit führen, die in ihrer Idealität und Einzigartigkeit die Menschheit bereichere.

Nach Wilhelm von Humboldt

Fachlicher Impuls

Anregungen zum Forschen können ganz einfach sein: Den Kindern werden die maximal möglichen Freiräume gegeben, die man als Forscher*in braucht: Die Erkundungen sind nicht zielgerichtet, sondern offen. Der Gebrauch von Materialien und Gegenständen wird nicht in Richtig oder Falsch kategorisiert, sondern die Vielfalt der Möglichkeiten steht im Vordergrund des Interesses. Was kann man alles mit einer Gießkanne machen? Welche Experimente sind noch möglich, außer mit ihr Blumen zu gießen? Ähnliche Freiräume lassen sich auf der sprachlich-gedanklichen Ebene finden: Statt „einfache" Erklärungen zu liefern, sollten Ideen, Fantasien, Theorien entwickelt und gefördert werden, um die Weltphänomene zu erklären (hierfür gibt es zumeist ohnehin keine einfachen Erklärungen!). Das Forschen anregen stellt sich also oftmals eher in einer Zurückhaltung des eigenen Forschungs- oder Erklärungsdranges dar. Es wird etwas weniger vorbereitet, weniger reglementiert und weniger erklärt, das explorative Verhalten oder die Ideen der Kinder werden entsprechend interessiert begleitet und gewürdigt.

Meine Resonanz zu diesem Impuls

Wenn Sie im oben stehenden Zitat „Anregung aller Kräfte" und „Aneignung von Welt" lesen, welche Freiräume sind dafür notwendig? Gab es in Ihrer Kindheit mehr Freiräume dafür als heute? Welche Gründe fallen Ihnen hierfür ein?

Der kleine Laborversuch

Sie kennen das: „Anregung aller Kräfte" kann im Kita-Alltag zu wilden und lauten Spielen führen. Beobachten Sie die Kräfte der Kinder heute einmal aus einer neuen Perspektive: Können Sie sich in das Verhalten der Kinder hineinversetzen? Erinnert es Sie vielleicht an Situationen aus Ihrer eigenen Kindheit, in denen Sie oder andere Kinder, aus denen inzwischen Erwachsene geworden sind, einmal ähnlich „wild" auf Entdeckungen waren?

Videografie zu Analyse und Reflexion nutzen – Exkurs II

Gehen Sie doch einmal selbst auf Forschungsreise! Je erlebnisreicher der Kita-Alltag, desto stärker profitieren Sie von der Arbeit mit Videomaterial und der reflektierten Auswertung aufgenommener Videosequenzen. In diesem Kapitel erläutern wir deshalb, wie man nach dem GInA-Verfahren am sinnvollsten mit Videosequenzen umgeht.

Dieses Verfahren wurde im Laufe der Jahre bei Aus- und Weiterbildung und in der Prozessbegleitung von Teams entwickelt und hat sich als „Geländer" bewährt. Es dient dazu, die eigene Aufmerksamkeit für feine Signale und Botschaften, die in Interaktionen eine Rolle spielen, zu schärfen und in eine vertiefte, fachlich geleitete Analyse der Fachkraft-Kind-Interaktionen zu kommen.

Darauf folgt eine Reflexion der neu gewonnenen Erkenntnisse und Möglichkeiten des Transfers in die zukünftige Alltagspraxis. Das Verfahren besteht insgesamt aus sechs Arbeitsschritten, bei denen zunächst vorgestellt wird, wie man sie für sich allein anwenden kann. Auf eine Anwendung der GInA-Arbeitsschritte in Coaching-/Teamsituationen wird in einem späteren Abschnitt eingegangen (s. Kapitel: Die Arbeitsschritte im Team/im Coaching , S. 94).

Die 6 GInA-Arbeitsschritte:

1. Fokussierung der Aufmerksamkeit („Stummfilm-Methode")
2. Gerichtete Wahrnehmung (4-Minuten-Sequenz mit Ton)
3. Offene Beobachtungs- und Reflexionsfragen
4. Kriteriengeleitete Analyse (GInA-Merkmale)
5. (Selbst-)Reflexion
6. Transfer

Der kleine Laborversuch

Übung: Anwendung der Stummfilm-Methode und Wahrnehmungsschulung

Arbeiten Sie mit einer eigenen Sequenz, die Sie noch nicht angeschaut haben: Gehen Sie nach der Stummfilm-Methode vor (**Arbeitsschritt 1**), indem Sie sich die Sequenz erst einmal in voller Länge ohne Ton anschauen. Notieren Sie Ihre wesentlichen Beobachtungen: Wie lang kam Ihnen die Szene vor? Was ist passiert? Wer war aktiv beteiligt/indirekt beteiligt (Zaungast), worum ging es? Welcher Handlungsablauf sticht hervor? Gibt es Parallelhandlungen? Hier geht es nur um das, was zu sehen ist, nicht um das „Davor" oder „Danach" in der Szene. Zusatzinformationen, die Sie haben, weil Sie die Räume und die Kinder kennen, sind für die GInA-Analysen nicht relevant.

Schauen Sie anschließend die Filmsequenz mit Ton an (**Arbeitsschritt 2**): Welche Beobachtungen machen Sie nun? Was bestätigt, was relativiert sich? Passen Bilder und Töne zusammen? Was haben Sie beim ersten Mal übersehen? Was haben Sie nicht verstanden? Was hat Sie bei dem zweiten Mal überrascht?

Auch wenn Sie die Szene schon kannten – Sie waren ja selbst beteiligt –, wie hat Ihnen die dritte Perspektive, der Blick auf sich selbst, gefallen?

Die offene und kriteriengeleitete Beobachtung und Analyse

Bevor eine systematische, kriteriengeleitete Beobachtung nach den GInA-Merkmalen durchgeführt wird, werden zunächst drei offene Beobachtungsfragen bearbeitet (**Arbeitsschritt 3**). Sie dienen dazu, den Blick für die Besonderheit der Situation, in der Sie mit den Kindern zu sehen sind, zu erkennen.

Auch wenn es sich um ganz „alltägliche" Szenen handelt, sind es bei den Videosequenzen immer deshalb besondere Momente, weil sie Gelegenheiten zur Interaktion geboten haben und diese von den Beteiligten erkannt und gestaltet wurden. Wäre das nicht der Fall, dann wäre die Videosequenz gar nicht entstanden. Denn Ihnen liegt Videomaterial vor, in dem über einen Zeitraum von 4 Minuten eine intensive Interaktion zwischen Ihnen und Kindern stattfindet. Freuen Sie sich über diese Möglichkeit, sich noch einmal ganz intensiv mit dieser Gelegenheit zu beschäftigen!

Die folgenden Fragen können die offene Reflexion gut leiten:

1. Welche Gelegenheiten zur Interaktion können wir entdecken?
2. Wie werden diese Gelegenheiten gestaltet (wie nehmen wir sie wahr)?
3. Welche Wirkungen der Interaktion auf das Verhalten der Kinder erkennen wir?

Der kleine Laborversuch

Übung: Anwendung der offenen Beobachtung

Machen Sie eine offene Beobachtung zu der Sequenz und notieren Sie die wichtigsten Antworten auf die drei Fragen!

Die kriteriengeleitete Analyse geht nun einen Schritt weiter (**Arbeitsschritt 4**). Mithilfe der GInA-Merkmale (s. Anhang) wird folgender Grundfrage nachgegangen: Ist dieses Merkmal in der Sequenz zu beobachten und an welchen Signalen kann die Beobachtung festgemacht werden? Dadurch kann die Feinanalyse beginnen, bei der es um die Auseinandersetzung mit den eigenen Wahrnehmungen geht: Woran erkenne ich, dass und in welcher Weise ein Merkmal in dieser Szene zutrifft (Hinweis: Mit einiger Wahrscheinlichkeit werden Sie zu jedem beliebigen Merkmal etwas beobachten und analysieren können). Machen wir ein Beispiel:

Das Merkmal 17 lautet ‚Bestärken und ermutigen' (s. S. 83 ff.). Können Sie Signale an sich selbst erkennen, dass Sie ein Kind oder die Gruppe von Kindern in der konkreten Situation bestärken und ermutigen? Signalisieren Sie dies mit Ihrem Blick, Ihrer Körperhaltung, Ihrer Mimik oder Gestik? Fassen Sie Ihre Bestärkung und Ermutigung in Worte, und wenn ja, wie lauten diese? Erkennt man an Ihrer Stimmhöhe oder Ihren Lautäußerungen, dass Sie das Kind oder die Kinder in ihrem Tun unterstützen? Bestärken Sie sie, indem Sie deren Äußerungen aufgreifen oder die Verhaltensweisen spiegeln? Oder liegt die Ermutigung daran, dass Sie ihnen Trost zusprechen oder mit ihnen gemeinsam nach Lösungen für ein Problem suchen? Schauen Sie sich ganz genau die Signale an, die Sie an sich erkennen können.

Analysieren Sie nun Ihre Signale im Wechselspiel mit den Wirkungen auf die Kinder. Gibt es Signale der Kinder, die darauf hinweisen, dass sie Ihre Signale gesehen, gehört und verstanden haben? Woran erkennen Sie bei dem Kind oder den Kindern, dass sie diese Merkmale gezeigt haben? Haben Sie sich in Ihren eigenen emotionalen Verhaltensäußerungen daraufhin verändert (z. B. gelächelt, aufgerichtet etc.)? Haben Sie in irgendeiner anderen Art und Weise reagiert, beispielsweise indem Sie noch etwas anderes erprobt haben oder die Aktivität (zufrieden) beendet und die Szene verlassen haben?

Gab es in der Szene vielleicht auch verpasste Gelegenheiten, die Kinder zu bestärken und zu ermutigen, weil alles „viel zu schnell" ging, weil Sie gar nicht mitbekommen haben, dass das Kind Ihnen etwas gezeigt oder gesagt hat oder weil Ihre Signale vom Kind nicht wahrgenommen und verstanden werden konnten? Gab es hinsichtlich dieses Merkmals möglicherweise Missverständnisse, Irritationen oder Widersprüche zwischen Ihnen und einem oder mehreren Kindern?

Sie werden merken, dass man – sofern man sich auf eine solche intensive differenzierte Analyse einlässt – sehr viel mehr entdeckt als mit einer ersten, offenen Beobachtung. Es geht ja um die Feinzeichen, ähnlich wie wenn man eine Pflanze erst auf der Wiese mit bloßem Auge und anschließend im Labor mit der Lupe untersucht. Man entdeckt feinste Strukturen, und es ist spannend zu erkennen, welche wechselseitigen Bezüge innerhalb kürzester Zeit und häufig auch parallel und „über Kreuz" möglich sind. Und es ist immer wieder wunderbar zu sehen, wie viel Kommunikationsverstehen die Kinder schon im jüngsten Alter und bei geringsten Sprachkenntnissen haben. Sie „lesen" uns und beobachten unser Verhalten umso genauer, je intensiver der Moment ist. Dies sind für die Lern- und Bildungsprozesse der Kinder in der sozialen Interaktion wertvollste Momente!

Die kriteriengeleitete Analyse nach den GInA-Merkmalen geht den folgenden Fragen nach (Beispiel Merkmal 17 ‚Bestärken und ermutigen'):

1. Zeigt die Fachkraft nach meiner Wahrnehmung ein Verhalten, das die Kinder ermutigt und darin bestärkt, sich neuen Herausforderungen zuzuwenden?
2. Kann ich in der Feinanalyse Signale erkennen, dass die Fachkraft ihr pädagogisches Wissen und Können einbringt? (Signale notieren)

Sie merken, dass eine solche Analyse zeitintensiv ist, aber es lohnt sich! Mit zunehmender Übung werden Sie bei den Merkmalen sicherer – Sie wissen, was sich hinter den Kurzbezeichnungen an theoretischem Hintergrund verbirgt, und können die Merkmale auf jede beliebige Sequenz, die nach dem GInA-Verfahren aufgenommen wurde, analysieren. Machen Sie sich ruhig die Mühe und schlagen Merkmale noch einmal nach, wenn Sie nicht mehr genau wissen, welche theoretischen Bezüge und Beschreibungen zu diesem Merkmal gehören. Dies leitet die Analysen und schärft auch für zukünftige Analysen Ihre Wahrnehmung. So werden Sie mit der Zeit zu eine*r Expert*in für die Feinzeichen der Interaktion!

Der kleine Laborversuch

Übung: Anwendung der kriteriengeleiteten Beobachtung

Suchen Sie sich zwei Merkmale aus der ersten Skala „Beziehung gestalten" und ein Merkmal aus der zweiten Skala „Denken und Handeln anregen" aus. Entscheiden Sie sich nach dem „Lustprinzip": Mit welchen Merkmalen möchten Sie in dieser Situation im Moment gerne arbeiten? Probieren Sie die kriteriengeleitete Analyse aus (nach den beiden Fragen: 1. „Zeigt die Fachkraft nach meiner Wahrnehmung ...?" sowie 2. „Kann ich in der Feinanalyse Signale erkennen ...?"). Notieren Sie die wichtigsten Erkenntnisse!

Hinweis: Eine „vollständige" GInA-Analyse umfasst tatsächlich alle 22 Merkmale. Diese wurden in einem mehrjährigen Prozess entwickelt und evaluiert und gehören damit zusammen! In der Gesamtheit beschreiben sie die interaktionsbezogenen Handlungskompetenzen einer pädagogischen Fachkraft in einer konkreten Situation mit einer Gruppe von Kindern oder in einer 1:1-Situation. Sie sind unabhängig vom Alter der Kinder (ab dem 1. bis zum 12. Lebensjahr erprobt) anwendbar und gelten unabhängig von der Gruppengröße und den Aktivitäten/Äußerungen der Gruppe.

Die Arbeitsschritte im Team/im Coaching

Erfolgt die videogestützte Analyse und Reflexion gemeinsam mit anderen, gibt es hinsichtlich des Ablaufs keine Unterschiede. Gehen mehrere Fachkräfte in die Beobachtung und Analyse einer Videosequenz, wird diese gemeinsam – ohne Vorabinformationen über Ort, Zeitpunkt und beteiligte Kinder – erst nach der Stummfilm-Methode und dann mit Ton angeschaut.

In einem zweiten Schritt werden dann wieder die offenen Beobachtungsfragen gestellt. Hier hat sich bewährt, dass – je nach Teamgröße – diese Fragen in 2er- oder 3er-Gruppen beantwortet werden. Dieser Austausch sollte nicht länger als 15 Minuten dauern und sich nur (!) auf diese Fragen beziehen.

1. **Welche Gelegenheiten** zur Interaktion können wir entdecken?
2. **Wie** werden diese Gelegenheiten **gestaltet** (wie nehmen wir sie wahr)?
3. Welche **Wirkungen** der Interaktion auf das **Verhalten** der Kinder erkennen wir?

Der kleine Laborversuch

Übung: Anwendung der offenen Beobachtung im Team

Gehen Sie in 3er-Gruppen und diskutieren Sie jeweils 3 Minuten die drei o. g. Fragen. Jede*r Teilnehmer*in ist für eine Frage verantwortlich, stellt diese und hält in Form von wenigen Stichworten die zentralen Ergebnisse der Gruppe für diese Frage fest. Achten Sie auf die Zeit! Für jede Frage sind maximal 5 Minuten vorgesehen, Sie sollten in Ihrer Gruppe nach 15 Minuten alle drei Fragen besprochen haben. Kommen Sie anschließend als Team zusammen und stellen Sie die zentralen Ergebnisse vor. Die/der Moderator*in liest jeweils eine Frage vor, das für diese Frage jeweils zuständige Gruppenmitglied liest seine Stichworte vor. Lassen Sie diese Beobachtungen als Gruppe so stehen – diskutieren Sie also nicht die (möglicherweise) verschiedenen Beobachtungen oder auch Widersprüche. *(Hinweis: Die offene Beobachtung ist ein wichtiger Einstieg in die nun folgende kriteriengeleitete Analyse.)*

Im nächsten Schritt erfolgt nun die kriteriengeleitete Analyse mit den 22 GInA-Merkmalen. Hier hat sich in der Arbeit in einer Gruppe folgendes Vorgehen bewährt: Die 22 GInA-Karten (s. Download www.herder.de/extras) werden im Raum auf dem Boden oder auf Tischen ausgelegt. Je nach Gruppengröße nehmen sich die Teilnehmer*innen 1–2 Merkmalskarten, die sie besonders interessieren. Daran schließt eine ca. 10-minütige Phase der Einzelarbeit an, in der jede*r Teilnehmer*in sich intensiv mit dem/den Merkmalen beschäftigt, die er/sie sich ausgesucht hat. Er/Sie geht nach den o. g. Fragen vor:

1. Die Fachkraft zeigt nach meiner Wahrnehmung folgende Kompetenzen: ... (Merkmal).
2. Ich kann in der Feinanalyse folgende Signale erkennen, dass die Fachkraft ihr pädagogisches Wissen und Können einbringt: ... (Signale notieren)

Hinweis: Eine wichtige Grundlage bei der Arbeit mit Videosequenzen aus der eigenen Einrichtung: Ein fachlicher Austausch über die im Film zu sehenden Personen – Erwachsene und Kinder – muss auf der Basis von Wertschätzung und Anerkennung erfolgen! Das Zeigen „eigener" Filme im Team verlangt Überwindung, und es muss selbstverständlich sein, dass im Team während der Besprechung und auch danach respektvoll mit diesem Vertrauensvorschuss umgegangen wird. Keinesfalls geht es darum, einzelne Teammitglieder zu beurteilen oder ihnen gar Verhaltensvorgaben zu machen! Nur wenn die Bereitschaft vorhanden ist, sich auf eine gemeinsame Reflexion einzulassen, kann sinnvoll mit dem Filmmaterial gearbeitet werden.

(Selbst-)Reflexion und Transfer: welche Schlussfolgerungen aus den Analysen gezogen werden können

Bei der gemeinsamen Beobachtung und Reflexion auf Teamebene lassen sich viele Aspekte finden, die das ganze Team in seiner Arbeit beeinflussen und die auch nur vom gesamten Team verändert werden können. Diese teambezogenen Schlussfolgerungen entsprechen dem **Arbeitsschritt 5** (Selbst-)Reflexion und **Arbeitsschritt 6** (Transfer) des GInA-Verfahrens. Sie beinhalten eine systematische Suche nach Gelingensfaktoren, die die Interaktionen in der gefilmten Situation erst ermöglicht haben: Es war (offensichtlich) ausreichend Ruhe und Zeit vorhanden, um sich auf die Kinder einlassen zu können. Es gab (wahrscheinlich) gemeinsame Interessen und Themen, sonst wäre es sehr schwer geworden, die Aufmerksamkeit der Kinder über die Dauer der Filmsequenz (4 Minuten können lang werden!) aufrechtzuerhalten. Es gab (sehr wahrscheinlich) eine gewisse Dynamik in der Interaktion, die dies zu einem intensiven Moment gemacht hat, und es gab (so ist anzunehmen) auch eine emotionale Ebene zwischen den Interaktionsbeteiligten, die hervortreten konnte. All diese Einflussfaktoren bestimmen Interaktionen, die sich durch Wechselseitigkeit und Aufmerksamkeit auszeichnen. Aber: Es ist keineswegs selbstverständlich, dass sie auch im Kita-Alltag ihren Platz bekommen. Die Reflexion solcher Gelingensfaktoren – ganz unabhängig von den Inhalten der konkreten Gespräche – ergibt Sinn, weil Gespräche dann ganz allgemein mehr Chancen bekommen, einen Platz im Alltag zu finden. Der Kita-Ablauf wird dialogischer, wenn über die Beschäftigung mit solchen Videosequenzen der Wert solcher Interaktionen reflektiert wird.

Ein typischer Effekt von GInA-Prozessen in Einrichtungen ist auch, dass sich gelingende Interaktionen mit Kindern ausbreiten, weil auch Teamkolleg*innen solche besonderen Momente erleben möchten und – umgekehrt – weil auch die anderen Kolleg*innen ihnen den Rücken in diesen Momenten frei halten und Gespräche mit Kindern nicht unterbrechen (oder nur im Notfall).

Allerdings lohnt es sich auch, auf mögliche Hemmfaktoren zu achten: Welche Kontextfaktoren haben vielleicht Störungen verursacht und wären vermeidbar gewesen? Wie könnte man sich die Szene vorstellen, wenn man das „Drehbuch" noch einmal neu schreiben könnte? Welche dieser Hemmfaktoren würde man gerne „abschalten"? Hätte man gerne mehr Zeit oder mehr Ruhe gehabt, um sich einzulassen? Hätte man gerne dem Kind zurückgemeldet, wie sehr man sich mit ihm über seine guten Ideen oder neuen Meilensteine freut, wurde aber durch andere abgelenkt? Hätte man gerne das Bedürfnis eines Kindes nach Aufmerksamkeit aufgegriffen, war in dieser Situation aber selbst zu erschöpft oder zu sehr von anderem in Anspruch genommen?

Auch dieser Rückblick lohnt sich, wenn man ihn als Startpunkt für die nächsten – gelingenden – Interaktionen betrachtet: Wie können wir zukünftig für uns und andere sorgen, um Interaktionen im Alltag wertzuschätzen und zu pflegen? Wie können wir typische Hemmfaktoren – Erschöpfung, Überreizung, Lärmbelastung, Abgelenktheit – reduzieren? Wie können wir gut für uns als Team sorgen, um uns über Interaktionen mit Kindern in jeder Form zu freuen, weil sie Beziehungspotenziale enthalten? Wie können wir übermäßige Anstrengungen, Belastungen und Herausforderungen im Gruppengeschehen vermeiden oder sie auslagern? Wie können wir für externe Unterstützung sorgen, um schwierige pädagogische Fragen und Erfahrungen zu bearbeiten (z. B. durch Supervision)? Wie können wir als Team zu einem guten Modell werden, in dem Dialog und Offenheit gelebt werden?

Die Arbeit mit videogestützten Beobachtungen geht auf Teamebene weit über die unmittelbare Szene und das Verhalten der Beteiligten, die in dem Film zu sehen sind, hinaus. Wenn sich das Team darauf einlässt, auf die eigene bzw. gemeinsame Handlungspraxis mit einem neuen, „fremden" Blick zu schauen, können wertvolle Erkenntnisse für die zukünftige pädagogische Arbeit gewonnen werden.

5 Sprechen und Sprache anregen

Die GInA-Merkmale 19 bis 22 – Skala 3

Beteiligung und Kooperation fördern

Den Faden aufnehmen

Fachlicher Impuls

Dieses Merkmal bezieht sich sowohl auf die Stärkung der allgemeinen kindlichen Kooperationsfähigkeit (Teilen/Mitteilen, Helfen/Mitfühlen, Tomasello, 2011) als auch auf die Förderung von Beteiligungsbereitschaft („compliance", Kochanska, 1999) und Bildungsbereitschaft („engagement", Skinner, Kindermann & Furrer, 2009). Die Beteiligung und Kooperation der Kinder zu unterstützen ist eine wesentliche Voraussetzung dafür, dass die Kinder in einer Situation auf Lernimpulse eingehen können. Kooperation ist wiederum eng mit Kommunikation verknüpft. Dadurch, dass eine Situation hoher Kooperationsbereitschaft hergestellt wird, wird zugleich die Sprache der Kinder gefördert.

Meine Resonanz zu diesem Impuls

Erinnern Sie sich an besondere Momente der Kooperation, die Sie in Ihrer Einrichtung beobachten konnten (zwischen Kindern, Kolleg*innen, Eltern)? Welche Gefühle lösen die Erinnerungen in Ihnen aus?

Der kleine Laborversuch

Schon die jüngsten Kinder sind zu erstaunlichen Kooperationsleistungen in der Lage. Sie erkennen – auch ohne Sprache –, ob jemand Hilfe braucht, und haben ein inneres Bedürfnis zu unterstützen (auch wenn das häufig in der Umsetzung an Grenzen stößt). Beobachten Sie am nächsten Praxistag einmal die (jüngsten) Kinder: Können Sie solche Kooperationsleistungen beobachten? In welchen Situationen treten sie (eher) auf? Welche Rolle spielen die Erwachsenen in diesen Situationen? Darüber können Sie mit Kindern ins Gespräch kommen: „Ich habe beobachtet, wie du Tamir geholfen hast ..."

Beteiligung und Kooperation fördern

Den Faden aufnehmen

Fachlicher Impuls

Je nach Setting und Kontext gestalten sich Kooperationen lebhaft oder ruhig, humorvoll oder ernst, engagiert oder entspannt. Auch können Streit und Kooperation abwechseln oder Probleme auftreten, die Kooperationsbeziehungen herausfordern. Die Kompetenz einer Fachkraft, Kooperationen in konkreten Alltagssituationen zu fördern, macht sich darin bemerkbar, dass von ihr geeignete Impulse gesetzt werden, die die Kinder verstehen und aufgreifen können. Ebenso können Sie Kooperationen fördern, wenn (manchmal sehr versteckte) Angebote von Kindern zur Kooperation aktiv aufgegriffen werden oder andere Kinder hierauf feinfühlig aufmerksam gemacht werden („Schau mal, ich glaube, der Marvin wollte dir gerade helfen").

Meine Resonanz zu diesem Impuls

„Kooperation" könnte auch falsch verstanden werden. Es bedeutet nicht, dass das Kind macht, was man selbst will („Das Kind soll tun, was *ich* möchte"), sondern dass man zusammen auf ein gemeinsames Ziel hinarbeitet. Erinnern Sie sich an eine solche „echte" Kooperation zwischen Ihnen und Kindern in letzter Zeit?

Der kleine Laborversuch

Überlegen Sie sich für heute gezielte Kooperationsimpulse, die für die Kinder interessant sein könnten: Schlagen Sie ein Ziel vor, das man am besten gemeinsam erreichen kann (z. B. ein Zelt bauen, ein Schattentheater inszenieren etc.). Gehen Sie dann in einen offenen Teamwork-Prozess mit den Kindern: Wer hat welche Ideen, wer möchte welche Aufgabe/Rolle übernehmen, wer kann welches Wissen/Können einbringen? Erleben Sie die Kinder und sich selbst als Teamplayer!

Beteiligung und Kooperation fördern

Den Faden aufnehmen

> *Teamwork ist vor allem eins: anstrengend. Aber es lohnt sich.*
> Unbekannt

Fachlicher Impuls

Je nach Situation und Spiel können sich Kooperationen zwischen den Beteiligten sehr unterschiedlich gestalten. Auch unterscheiden sich häufig die Interessen und Ziele der Beteiligten, sodass es für die Fachkraft um mehrere Dinge geht: Sie muss sich in die Perspektive der beteiligten Kinder hineinversetzen, versuchen zu verstehen, was ihre Anliege und Wünsche – bezogen auf die Gruppe – sind, und dann Angebote machen, die ihr geeignet erscheinen, Kooperation und Spiel zu unterstützen. Sind die Kinder bereits miteinander gut vertraut und haben sich schon funktionierende Formen der Kooperation entwickelt, braucht es nicht viel an Unterstützung. Gibt es aber unterschiedliche Interessen, Konflikte oder Auseinandersetzungen in der Gruppe und schaffen es die Kinder nicht, diese allein zu lösen, so ist eine feinfühlige Unterstützung erforderlich, um allen Kindern Möglichkeiten zur Beteiligung und Kooperation zu gewähren. Hierzu ist auch die Co-Regulation emotionaler Erregungszustände im Rahmen des Gruppengeschehens sinnvoll, um die Kinder in ihrer Fähigkeit zur Beteiligung und Kooperation zu unterstützen.

Meine Resonanz zu diesem Impuls

Denken Sie an Ihren letzten Konflikt zurück, der Sie auf die Palme gebracht hat. Wie würden Sie – jetzt im Nachhinein und mit Abstand – Ihren emotionalen Zustand beschreiben? Können Sie passende Worte dafür finden? In welcher Situation war es Ihnen selbst nicht möglich zu kooperieren und sich zu beteiligen? In welcher Situation empfanden Sie Hilfe von außen als angenehm?

Der kleine Laborversuch

Nicht immer decken sich die Kooperationswünsche und -fähigkeiten der Kinder. Versuchen Sie einmal, Gelegenheiten im Alltag zu finden und unter der Perspektive ‚Beteiligung und Kooperation fördern' zu gestalten. Was können Sie den beteiligten Kindern anbieten, damit alle das Gefühl bekommen, zur Gruppe zu gehören und einen wichtigen Beitrag zu leisten? Wie können Sie feinfühlig Kooperationsgrenzen und -hürden aus dem Weg räumen, ohne dass die Kinder passive Zuschauer werden? Wie können Sie die Ansätze von Kooperation benennen und wertschätzen?

Beteiligung und Kooperation fördern

Den Faden aufnehmen

KOOPERIEREN
Konnten Sie eine Kooperationsszene gestalten? Welche (neuen) Verhaltensweisen haben Sie beobachtet?

Fachlicher Impuls

Der Alltag besteht für die Kinder aus vielfältigen Herausforderungen und immer wieder sind sie gefordert, sich entweder in das Gruppengeschehen einzufügen, ihre Bedürfnisse zurückzustellen sowie ihre Äußerungen und Handlungen auf andere auszurichten oder ihre Bedürfnisse zu äußern, für sie einzustehen und sich zu behaupten. Fehlgeschlagene Kooperationen oder Aushandlungen sind daher selbstverständlicher Bestandteil des Alltags(er)lebens und stellen für die Kinder wichtige und sinnvolle Lerngelegenheiten dar. Je mehr sie sich darin üben, sich mit anderen Menschen auseinanderzusetzen, andere Perspektiven einzunehmen (Theory of Mind, Premack & Woodruff, 1978) und ihre Empathiefähigkeit auszudrücken, desto kompetenter werden sie in ihrem prosozialen Verhalten. Diese Lernprozesse laufen – ebenso wie alle anderen Lernprozesse – individuell sehr unterschiedlich ab, und es gibt keinen Fahrplan, wie Kinder Kooperation und Spiel erlernen. Eine feinfühlige Begleitung orientiert sich daher an den Bemühungen der Kinder, nicht an ihren „Erfolgen".

Meine Resonanz zu diesem Impuls

Gibt es in Ihrem pädagogischen Alltag viele Gelegenheiten für die Kinder, prosoziales Verhalten zu zeigen? Wann gibt es typischerweise solche Gelegenheiten?

Der kleine Laborversuch

Sicherlich gibt es auch in Ihrer Einrichtung Kinder, die seltener oder versteckter prosoziales Verhalten zeigen. Überlegen Sie sich doch einmal für diese Kinder besondere Chancen, sich – für andere sichtbar – prosozial zu verhalten. Fragen Sie die Kinder, ob sie den leckeren Nachtisch austeilen möchten, „kurz" einem anderen Kind etwas bringen können oder mit Ihnen und anderen Kindern zusammen etwas Besonderes vorbereiten möchten. Geben Sie den Kindern – sofern sie Interesse signalisieren – echte, positive Aufmerksamkeit für den Anteil, den sie an der Gemeinschaft haben. Gehen Sie auf die Bereitschaft und den Wunsch der Kinder situationsangemessen und feinfühlig ein, einmal ein Publikum für ihr Wissen und Können zu haben.

Emotionale Sprache vermitteln

Den Faden aufnehmen

Fachlicher Impuls

Das Merkmal ‚Emotionale Sprache vermitteln' bezieht sich auf den Umgang mit Gefühlen. In der Weise, wie die Fachkraft in einer bestimmten Situation die von ihr wahrgenommenen Gefühle spiegelt und emotionale Erlebnisinhalte verbalisiert, zeigt sie Handlungskompetenzen, die die emotionale Entwicklung des Kindes im Hinblick auf sich und andere unterstützt (Fröhlich-Gildhoff, 2016).

Meine Resonanz zu diesem Impuls

Wann fehlen Ihnen erst einmal die Worte? Bei welchen Gefühlen fällt es Ihnen leichter, sie zu zeigen und mit Worten zu benennen? Bei welchen Gefühlen dauert es länger, bis Sie die Sprache wiederfinden?

Der kleine Laborversuch

Hören Sie sich heute im Alltag einmal genau zu: Welche emotionale Sprache hören Sie? Gelingt es Ihnen, die emotionalen Seiten einer ganz alltäglichen Situation zu benennen? In welchen Situationen fällt es leicht, Emotionen zu benennen? Wann oder mit wem gelingt es weniger, Gefühle zu Wort kommen zu lassen? Woran mag das liegen? Wann beobachten Sie, dass es Kindern schwerfällt, mit Emotionen umzugehen? Welche Rolle nehmen Sie ein und wie spiegeln Sie den Kindern das, was Sie sehen?

Emotionale Sprache vermitteln

Den Faden aufnehmen

Fachlicher Impuls

In vielen Situationen stehen Gefühle nicht explizit im Vordergrund, können jedoch indirekt einen großen Einfluss darauf haben, wie sich diese Situation gestaltet und wie sie von den Beteiligten erlebt wird. Bei der Wahrnehmung von Gefühlen sind die große individuelle Vielfalt sowie geschlechter-, kultur- und entwicklungsabhängige Besonderheiten von Gefühlsäußerungen zu beachten.

Meine Resonanz zu diesem Impuls

Welchen Zusammenhang sehen Sie zwischen „Stimmung" und „Verstimmung"? Gibt es in Ihrem Umfeld kleine Signale, die frühzeitig auf eine Verstimmung hindeuten?

Der kleine Laborversuch

Greifen Sie heute oder in den nächsten Tagen einmal eine schwierige Situation mit einem Kind auf, und erleben Sie gemeinsam die emotionale Stimmung nach, die diese Situation geprägt hat. Ermutigen Sie das Kind, die Situation zu beschreiben, fragen Sie das Kind, wie es ihm dabei ging (z. B. in einem Konflikt oder bei einem Wutausbruch). Versuchen Sie, sich in die Situation des Kindes zu versetzen: Wie war das Gefühl, ausgeschlossen zu werden, etwas weggenommen zu bekommen oder etwas nicht (mehr) zu dürfen? Versuchen Sie (zunächst) nicht, die Sachlage zu verstehen (wer hat angefangen; wer hat sich wie verhalten?), sondern bleiben Sie auf der emotionalen Ebene. Können Sie das Kind in seiner Perspektive verstehen? Können Sie seine Gefühlslage erklären? Finden Sie Worte – weil Sie vielleicht ähnliche Situationen auch schon einmal erlebt haben? Können Sie erleben, dass sich das Kind von Ihnen verstanden fühlt? Versuchen Sie dem Kind zu spiegeln, dass es gut ist, mit ihm darüber noch einmal gesprochen zu haben. Vielleicht – aber nicht zwingend – finden Sie sogar gemeinsam einen „Trick", wie das Kind in Zukunft schneller Worte für seine Gefühle findet, sie also auch gegenüber anderen äußern kann – und damit zu ein bisschen mehr Kontrolle gelangt. Finden Sie auch Worte dafür, wenn sich alles beruhigt hat und Freude zu spüren ist.

Emotionale Sprache vermitteln

Den Faden aufnehmen

Es sieht der Mensch die Welt fast immer durch die Brille des Gefühls, und je nach der Farbe des Glases erscheint sie ihm finster oder purpurhell.

Hans Christian Andersen

Fachlicher Impuls

Wie oft beschäftigen wir uns mit dem emotionalen Gehalt einer alltäglichen Situation – von extremen Gefühlsausbrüchen einmal abgesehen? Können wir Gefühle erkennen, auch wenn sie bei den Kindern kaum zum Ausdruck kommen? Können wir Gefühle benennen, auch wenn sie komplex und uneindeutig erscheinen? Können wir vermeiden, Gefühle in „gute" und „schlechte" Gefühle einzuteilen? Schaffen wir es, jedem Gefühl grundlegend seinen Raum zu geben, den die Kinder brauchen, um einen kompetenten Umgang mit ihnen zu erlernen?

Diese Fragen zeigen, dass es eine große Herausforderung ist, Zugang zu der vielschichtigen Gefühlswelt der Kinder innerhalb einer Gruppe zu bekommen. Dies wird auch nicht immer gelingen, aber die Sprache ermöglicht Zugänge zu den emotionalen Zuständen anderer Menschen und erhöht die Wahrscheinlichkeit, sie zu verstehen. Die Kinder sollten daher ermutigt und unterstützt werden, Gefühle auszudrücken und über Gefühle mit anderen zu kommunizieren.

Meine Resonanz zu diesem Impuls

Haben Sie selbst Rituale, wie Sie mit besonderen Gefühlen umgehen? Was tut Ihnen gut?

Der kleine Laborversuch

Sammeln Sie doch einmal in einer Gesprächsrunde mit den Kindern die große Welt der Gefühle: Welche Gefühle gibt es? Welche begegnen uns ganz oft? Welche sind eher selten in unserem Leben? Gibt es auch Gefühle, die man gar nicht richtig beschreiben kann? Vielleicht kann die Gruppe gemeinsam neue Gefühls-Namen erfinden?

Emotionale Sprache vermitteln

Den Faden aufnehmen

sich ärgern geladen sein an die Decke gehen Wut im Bauch haben rotsehen vor Wut kochen blind vor Wut zornig aus der Haut fahren vor Wut schäumen platzt der Kragen explodieren platzen vor Wut

Fachlicher Impuls

Oftmals neigen wir zu voreiligen Deutungen der Gefühle anderer; bei Kindern scheint das besonders dann der Fall zu sein, wenn sie über vermeintlich geringe sprachliche Kompetenzen verfügen. Dabei beschreiben Kinder ihre Gefühle vielleicht sogar vielschichtiger als die Kategorien, deren wir uns als Erwachsene häufig bedienen. „Die Lisa ist traurig" wirkt daher nicht gesprächsförderlich, wenn es darum geht, etwas von Lisa selbst zu erfahren – warum sollte sie etwas erklären, wenn alle schon ihr Fazit gezogen haben? Sinnvoller sind feinfühlige Fragen, die direkt am Fühlen ansetzen und den Wunsch ausdrücken, das Gefühl der Kinder genau kennenzulernen (Weltzien et al., 2016).

So kann es sein, dass Kinder, die Kummer haben, auch körperliche Symptome („ich habe Bauchschmerzen") beschreiben, die wir möglicherweise gar nicht bemerken würden. Auch geben Gespräche möglicherweise neue Hinweise dafür, warum bestimmte Alltagssituationen wütend machen – vielleicht fühlen die Kinder sich ungerecht behandelt, ausgegrenzt oder verletzt? Möglicherweise kann nach einem Gespräch mit einem Kind sogar nachvollzogen werden, dass ein objektiv nachvollziehbarer Grund für den Wutausbruch vorlag. Und vielleicht gibt es neue Möglichkeiten, dem Kind auch die Perspektive der anderen zu erklären.

Meine Resonanz zu diesem Impuls

Wut zu haben, ist „normal", Wut ungefiltert zu zeigen und ausbrechen zu lassen, hat dagegen oftmals unerwünschte Folgen. Welche Erfahrungen haben Sie als Sender*in oder Empfänger*in mit Wutausbrüchen gemacht?

Der kleine Laborversuch

Legen Sie Ihren persönlichen Wut-Regulations-Koffer an: Was hilft Ihnen, einen impulsiven Ausbruch zu vermeiden? Von „tief durchatmen" bis „den Raum verlassen" können alle Möglichkeiten gelistet werden. Auch ein „inneres Lächeln" darf nicht fehlen. Sicherlich fallen Ihnen noch viele Ideen ein, die Ihnen helfen, in aufgeladenen Situationen gelassen zu bleiben und mit Ihren Emotionen kompetent umzugehen. Schauen Sie sich ruhig in Ihrem Umfeld um: Wer schafft es, deutlich und respektvoll auszudrücken, dass er/sie wütend ist? Wer ist hinsichtlich einer kompetenten emotionalen Sprache ein gutes Vorbild für Sie? Was können Sie übernehmen?

Sprache erweitern

Den Faden aufnehmen

Fachlicher Impuls

Das Merkmal ‚Sprache erweitern' bezieht sich auf die Bedeutung einer gemeinsamen, gut ausgebildeten und wortreichen Sprache für Interaktionen im Alltag. Bietet sich die Fachkraft als Sprachvorbild an, gibt Anregungen zur Erweiterung der Sprache und verwendet kontextbezogen bekannte und neue Wörter, dann trägt sie zu einem gelingenden Spracherwerb der Kinder bei. Dabei ist auch die Mehrsprachigkeit der Kinder zu berücksichtigen; so kann die Fachkraft situationsangemessen mit den Kindern über die verschiedenen Sprachen ins Gespräch kommen oder Bezeichnungen in verschiedenen Sprachen benennen, ohne dabei belehrend zu wirken.

Meine Resonanz zu diesem Impuls

Sprache verbindet Menschen – selbst wenn sie schweigen. Wie wichtig ist es Ihnen, mit Kindern zu sprechen? Wann haben Sie ein besonderes Bedürfnis dazu?

Der kleine Laborversuch

Bieten Sie sich heute einmal ganz bewusst als Sprachvorbild an, ohne dabei belehrend zu wirken. Reflektieren Sie am Ende des Tages Ihre Beteiligung am „Sprachbad": In welcher Form haben Sie Anregungen zur Erweiterung der Sprache gegeben, in welchen Situationen ist es Ihnen gelungen, kontextbezogen bekannte und neue Wörter zu verwenden? Wie haben die Kinder auf Ihre Impulse reagiert?

Sprache erweitern

Den Faden aufnehmen

Fachlicher Impuls

Überprüfen wir einmal unser eigenes Sprachverhalten: Passt unsere Sprache, Sprechgeschwindigkeit und Wortwahl zu der konkreten Situation? Oder neigen wir dazu, Gelegenheiten zu „überfrachten", wenn wir sie als besonders wertvoll für die Kinder erachten? Das Anregen von Sprechen und Sprache hängt nicht von der Anzahl der Äußerungen ab. So kann es in einer Situation durchaus anregend wirken, wenn verbale Äußerungen keinen dominanten Platz in der Interaktion einnehmen oder nur vereinzelt Dialoge auftreten (vgl. hierzu auch Kucharz, Mackowiak & Beckerle, 2015). Auch gibt es Situationen, in denen das gemeinsame Staunen, Nachdenken oder Entspannen bewusst „sprachfrei" gestaltet wird. Solange dies nicht als Ausdruck von Gehorsam erfolgt, sollte es zugelassen und als gemeinsames Einverständnis wertgeschätzt werden.

Meine Resonanz zu diesem Impuls

Manchmal kommen Worte aus uns hervor, noch bevor wir eine Situation richtig verstanden haben. Im Nachhinein wäre es vielleicht besser gewesen, erst einmal zu staunen, nachzudenken oder zu entspannen. Oder das Gegenüber zu Wort kommen zu lassen. Kennen Sie das? Welche Situationen haben Sie gerade vor Augen?

Der kleine Laborversuch

Denken Sie noch einmal in Ruhe über ein Gespräch mit Kindern nach, das Sie kürzlich erlebt haben, und versetzen Sie sich in die Perspektive der beteiligten Kinder: In welcher Weise haben die Kinder Sie gehört? Welche Spracherweiterungen haben die Kinder wohl als anregend, interessant, neu, überraschend, hilfreich erlebt? Wie könnten die Kinder Ihr Gesprächsverhalten empfunden haben? An welchen Äußerungen oder Verhaltensweisen der Kinder konnten Sie feststellen, dass Ihre Impulse zur Erweiterung der Sprache(n) für die Kinder „richtig" – also angemessen – waren?

Sprache erweitern

Den Faden aufnehmen

Fachlicher Impuls

Wortschatzerweiterndes Handeln kann durchaus als „Dauerinput" missverstanden werden. Hier hilft ein Perspektivenwechsel: Wie viel kann man selbst aufnehmen, wenn auf einen „eingeredet" wird – wie lange kann man einem Monolog folgen, wenn dieser einen nicht zufällig thematisch mitreißt oder einen die Person fasziniert, die redet? Es kommt also auf die Dosierung an, ob man etwas mitnehmen kann, ob etwas über den Moment hinaus eine Bedeutung bekommt. So geht es Kindern im Spracherwerb auch: Worte werden erinnert bzw. in den eigenen, vorhandenen Wortschatz integriert, wenn sie mit einer Bedeutung gefüllt werden können. Die Sprache lässt sich daher am sinnvollsten im Kontext erweitern: Bekannte und neue Wörter werden kontextbezogen, sinnvoll und angemessen verwendet. Die Kinder werden situationsangemessen darin unterstützt, Wörter zu verstehen, zu erinnern und zu verwenden, und es werden der Situation angemessene Gelegenheiten zur Erweiterung des Wortschatzes geboten. Ob die richtige Dosis von wortschatzerweiternden Äußerungen gefunden oder überschritten wurde, zeigen einem die Kinder in ihren Reaktionen oftmals ganz gut. Ein Zuviel an Worten wirkt ermüdend, langweilig oder abschreckend. Wer kann, wird sich dieser Situation also entziehen.

Meine Resonanz zu diesem Impuls

Worte sind wie Geschenke, wenn sie das treffend beschreiben, wofür wir Worte gesucht haben. Kennen Sie das? In welchen Situationen fehlen Ihnen manchmal die passenden Worte?

Der kleine Laborversuch

Verschenken Sie heute den Kindern einmal bewusst Worte: Überlegen Sie, mit welchen Themen sich ein oder mehrere Kinder aktuell auseinandersetzen. Dies können Fußballthemen, Familie, Technik, Tiere, Pflanzen usw. sein. Gehen Sie mit den Kindern bei passender Gelegenheit ins Gespräch und verschenken Sie – gut dosiert – Wörter, die die Kinder für ihre Themen gut gebrauchen könnten. Sie können die Wörter „fallen" lassen und beobachten, ob sie aufgegriffen werden (z. B. Schiedsrichter, Pferdemähne, Laptop, Wickeltasche). Sie können auch Fragen, ob die Kinder die Wörter kennen, und mit den Kindern zusammen die Bedeutung herausfinden (z. B. Elfmeterpunkt – warum heißt der eigentlich so?). Vielleicht lassen Sie die Kinder aber auch einmal Ihren Wortschatz erweitern – und sich beispielsweise die Lieblingssportler*innen der Kinder und ihre Erfolge erklären.

Sprache erweitern

Den Faden aufnehmen

Fachlicher Impuls

Wortschatzerweiterungen spielen insbesondere bei Kindern, die mit keinen oder nur geringen Deutschkenntnissen in die Kita kommen, eine besondere Rolle. Haben sie auch zu Hause geringe Möglichkeiten, ihren deutschen Wortschatz zu erweitern, bieten Sprachbildung, Spracherweiterung und Sprachförderung eine wichtige Unterstützung für die Kinder. Je schneller und besser Kinder die deutsche Sprache lernen, desto höher sind ihre Möglichkeiten der sozialen Teilhabe!

Der Umgang mit Mehrsprachigkeit erfordert eine hohe Professionalität, die sich wiederum in ganz konkreten Alltagssituationen zeigen muss: Die Mehrsprachigkeit der Kinder sollte grundsätzlich als große Kompetenz und als Teil der biografischen Gewordenheit wertgeschätzt und gefördert werden. Wissen und Wörter sollten nicht schematisch abgefragt werden, Situationen nicht mit Äußerungen überfrachtet werden. Auch sollte die Fachkraft auf die Kinder nie belehrend wirken. So wichtig die Erweiterung des Wortschatzes in den frühen Jahren ist: Sie sollte den Alltag nicht dominieren, sondern selbstverständlich, integriert, lebendig und beiläufig stattfinden.

Meine Resonanz zu diesemm Impuls

Wie viele Sprachen verstehen Sie, die in Ihrer Kita eine Rolle spielen? Wie viele Wörter aus anderen Sprachen verwenden oder kennen Sie, die die Kinder mitbringen? Können Sie über die großen Sprachkompetenzen der Kinder staunen?

Der kleine Laborversuch

Erkunden Sie doch einmal mit einem Rundgang die Mehrsprachigkeit in Ihrer Einrichtung: Notieren Sie, wie viele Gespräche oder Sprachanteile andere Sprachen außer Deutsch in Ihrer Kita eine Rolle spielen. Beobachten Sie, wie Kinder – je nach Spielpartner*innen – zwischen verschiedenen Sprachen hin- und herwechseln. Lernen Sie, wie (in welchen Sprachen) sich Kinder und Eltern verabschieden und begrüßen. Kommen Sie – wenn es sich aus der Situation heraus ergibt – mit Eltern und Kindern über deren Sprachen ins Gespräch; lassen Sie sich ruhig ein paar neue Vokabeln beibringen.

Kommunikativen Austausch anregen

Den Faden aufnehmen

Fachlicher Impuls

Das Merkmal ‚Kommunikativen Austausch anregen' bezieht sich darauf, ob die Sprache vielfältige Aspekte des Denkens, Fühlens und Handelns beinhaltet und den Wert von Sprache bzw. den Sinn eines sprachlichen Austausches mit anderen vermittelt. Sprache wird als besondere Möglichkeit der Verständigung, des Austauschs und der Kooperation hervorgehoben und beachtet. Dies kann gelingen, wenn die Sprache natürlich, lebendig und dem Entwicklungsstand der Kinder angemessen ist. Auch tragen das eigene Sprachverhalten und das aufmerksame Zuhören der Fachkraft dazu bei, dass sich die Kinder für Gespräche interessieren und sich sprachlich beteiligen.

Meine Resonanz zu diesem Impuls

Wann gelingt es Ihnen gut, sich in der Kommunikation auf die Augenhöhe der Kinder zu begeben? Wann können Sie sich von allem frei machen und sich sprachlich und gestisch ganz auf ein „einfaches" Kinderspiel wie das Guck-guck-Spiel einlassen?

Der kleine Laborversuch

Beobachten Sie sich heute einmal bewusst in der Kommunikation mit den Jüngsten in Ihrer Einrichtung: Welche Gesten und Worte haben Sie in Ihrem Repertoire, die gut ankommen und zur Kommunikation einladen? Wie schaffen Sie es, die Gespräche der Jüngsten so zu moderieren, dass ein kommunikativer Austausch angeregt (und nicht von Ihnen gelenkt/dominiert) wird?

Kommunikativen Austausch anregen

Den Faden aufnehmen

> *Kommunikation ist das, was ankommt.*
> Unbekannt

Fachlicher Impuls

Um den kommunikativen Austausch anzuregen, kann die Fachkraft vielfältige Formen wie Singen, Reimen und Rätseln anbieten. Auch können dialogisch ausgerichtete Buchbetrachtungen, erzählte Geschichten oder Fantasiereisen einen (anschließenden) kommunikativen Austausch anregen. Bei aller Vielfalt der Angebote: Letztendlich kommt es immer darauf an, wie sie gestaltet werden. Auch ein sehr gut gemeintes vorbereitetes Angebot wird keine Wirkung entfalten, wenn sich die Fachkraft nicht kommunikativ verhält.

Woran erkennt man also die Kreativität in der Gestaltung von kommunikativen Situationen? In den Äußerungen der Fachkraft kommen vielfältige Aspekte des Denkens, Fühlens und Handelns vor, die dem Entwicklungsstand der Kinder angemessen sind. Sie regt Gespräche über die Sprache bzw. verschiedene Sprachen an, wenn sich dies in der Situation ergibt. Sie geht auf die verbalen und nonverbalen kommunikativen Äußerungen der Kinder ein, stellt offene Fragen und begleitet die Kinder in ihrem Bedürfnis nach Dialog und Partizipation. Diese Auswahl an Möglichkeiten zeigt, dass sich jede Alltagssituation dazu eignet, den kommunikativen Austausch anzuregen. Allerdings sind hierfür eine hohe Aufmerksamkeit und ein echtes Interesse an den Äußerungen der Kinder erforderlich.

Meine Resonanz zu diesem Impuls

Woran erkennen Sie das Bedürfnis der Kinder nach Dialog und Partizipation? Welche nonverbalen Signale fallen Ihnen hierfür ein?

Der kleine Laborversuch

Welche Angebote haben Sie heute geplant (denken Sie an jedes noch so kleine Angebot im Alltag, es müssen keine Großprojekte sein). Überdenken Sie das Angebot noch einmal darauf hin, wie Sie einen maximalen kommunikativen Austausch zwischen den Kindern bzw. in der Gruppe mit Ihnen anregen können. Welche Fragen könnten Sie stellen, auf die die Kinder nach Ihrer Erfahrung schnell mit eigenen Beiträgen einsteigen werden? Welche Impulse führen zu einer guten Zusammenarbeit in der Gruppe, bei der natürlich auch gesprochen wird? Wie können Sie den Einstieg und das Ende des (kleinen, alltäglichen) Angebots dialogisch gestalten? Welche Denkaufgaben, Rätsel, Witze, Überraschungen machen möglicherweise das Angebot besonders lebendig? Wie können Sie und die Kinder anschließend anderen davon erzählen? Reflektieren Sie anschließend für sich selbst oder mit eine*r Kolleg*in das Angebot unter der Fragestellung: Konnten Sie den kommunikativen Austausch (etwas) stärker anregen als sonst?

Kommunikativen Austausch anregen

Den Faden aufnehmen

MUSIK SPRECHEN LASSEN

Ob Kinderlieder, kleine Musikstücke, Tanzlieder oder kleine Rhythmus-Collagen mit Klanginstrumenten: Musik erzeugt mehr als Töne. Musik zaubert die wunderbarsten Atmosphären. Sie lädt ein zum Zuhören, zum Träumen, zum Lachen, zum Tanzen, zum Singen, zum Klatschen, zum Dabeisein und Mittun.

Fachlicher Impuls

Ob Sprechen und Sprache angeregt wird, hängt nicht davon ab, wie viele Worte tatsächlich in einer Situation gewechselt werden. Es kommt vielmehr darauf an, welche Gelegenheiten die Fachkraft erkennt und in welcher Weise sie diese gestaltet, um den Wert eines kommunikativen Austausches zu vermitteln. Typische „Fehler" in der Kommunikation mit Kindern erkennt man ziemlich schnell: Werden die Kinder über- oder unterfordert, werden sie nicht auf ihrem Entwicklungsstand oder in ihren Interessen erreicht oder wird auf die Gesprächsangebote der Kinder nicht eingegangen, weil sie die geplanten Abläufe „stören", können keine lustvollen und vertieften Gespräche erwartet werden. So gelten für Gespräche mit Kindern im Prinzip genau die gleichen Gelingensfaktoren wie für Gespräche mit Erwachsenen. Ein Gespräch ist nur dann ein Gespräch, wenn die Wechselseitigkeit von Kommunikation akzeptiert und zugelassen wird.

Meine Resonanz zu diesem Impuls

Wechselseitigkeit in der Kommunikation: Wo begegnet Ihnen das Gefühl von Echtheit in Gesprächssituationen? Welche Gefühle treten in diesen Momenten in den Vordergrund? Wie beeinflussen die Gefühle die Beziehung zu dieser Person?

Der kleine Laborversuch

Weniger ist mehr: Nicht nur Musik, sondern auch Gespräche können zaubern. Das passiert, wenn sie etwas von der Innigkeit der Musik enthalten. Nehmen Sie sich also nicht gleich zu viel vor – denn diese Innigkeit kommt erst zustande, wenn Ihre Aufmerksamkeit tatsächlich ungeteilt auf ein Gespräch gerichtet ist. Sie werden es spüren und wissen, wenn dieser Moment gelungen ist, nicht nur subjektiv. Auch die aktiv beteiligten Kinder und die Zaungäste zieht es in den Bann, in den Zauberkreis.

Kommunikativen Austausch anregen

Den Faden aufnehmen

Auf den ersten Empfang der Kinder
kommt gleich außerordentlich viel an.
Er muss vorzüglich freundlich
und liebreich sein,
damit sie Zutrauen (...) fassen.

Carl Friedrich Riemann

Fachlicher Impuls

Der kommunikative Austausch prägt den Alltag in einer Kindertageseinrichtung. Immer und überall finden Gespräche zwischen Kindern und mit Kindern statt. Zugleich ist die Form der Kommunikation auch ein Ausdruck dafür, *wie* der Kita-Alltag gestaltet wird; auf welcher Grundlage das gemeinsame Miteinander gelebt wird. So zeigt sich schnell, wie groß die Bereitschaft zu Dialog und Partizipation im pädagogischen Alltag, der sich durch Komplexität, Gleichzeitigkeiten und Herausforderungen auszeichnet, wirklich ist. Zeigt sich im Kommunikationsverhalten der Fachkräfte das, was in der Konzeption verschriftlicht ist? Basiert die Kommunikation auf der Grundlage von Inklusion, der Anerkennung von Vielfalt und Gleichberechtigung? Werden ethische Grundprinzipien gelebt?[7]

Letztlich macht sich in der Form der Kommunikation bemerkbar, ob jedes Kind wertschätzend und respektvoll behandelt wird und in seiner Einzigartigkeit und Eigensinnigkeit feinfühlig begleitet wird. Nicht immer wird es gelingen, die selbst formulierten (Qualitäts-) Ziele im Alltag zu erreichen, aber sie sollten die Hintergrundfolie dafür sein, das eigene Kommunikationsverhalten zu reflektieren und zu bewerten.

Meine Resonanz zu diesem Impuls

Welches sind für Sie persönlich wichtige ethische Prinzipien in der Kommunikation?

Der kleine Laborversuch

Kindergesprächen zuhören: Kinder sprechen miteinander – in der Puppenecke, auf dem Bauteppich, am Maltisch, im Garten, auf Spaziergängen, immer! Worüber sprechen sie? Gespräche von Kindern ab und zu nicht nur als „Geräuschteppich" wahrzunehmen, sondern hier und dort wirklich zu hören, was sie sich mitzuteilen haben, kann Ihnen wertvolle Einblicke durch das „Fenster" kindlicher Themenwelten geben. Überlegen Sie doch einmal, welche Themen Sie aufgreifen können und wollen, um das Ziel „Anerkennung von Vielfalt und Gleichberechtigung" in konkreten Kommunikationen sichtbar zu machen.

---

7 Es gibt mit den sog. Reckahner Reflexionen sehr gute Leitprinzipien für das ethische Handeln (kostenlose Materialien unter www.paedagogische-beziehungen.eu).

Mit GInA im Team arbeiten – Exkurs III

Bislang haben Sie das GInA-Praxisbuch möglicherweise hauptsächlich für sich selbst entdeckt und genutzt. Sie haben die GInA-Methoden – von der videografiegestützten Beobachtung bis zur Analyse und Reflexion – in den zwei vorhergehenden Exkursen kennengelernt und sich mit den 22 GInA-Merkmalen beschäftigt.

Wenn Sie bis hierhin gekommen sind, können Sie von sich sagen, dass Sie sich ein gutes fachliches Grundgerüst erarbeitet haben, die Gestaltung von Interaktionsgelegenheiten im Alltag als wichtige pädagogische Kernkompetenz entdeckt haben bzw. in Ihren bisherigen Überzeugungen bestätigt wurden. Auf dieser Grundlage können Sie nun einen eigenen Weg einschlagen, wie Sie Ihr Wissen und Können so in Ihren Praxisalltag integrieren, dass die Kinder Sie als gestaltend, begleitend, ermutigend, unterstützend und fördernd erleben.

Mit GInA haben Sie sich eine im Kita-Alltag gut funktionierende Beobachtungs- und Reflexions*brille* angeeignet. Sie werden merken, dass Sie viele der Merkmale immer häufiger, in immer wieder neuen Situationen und mit immer mehr Kindern erleben und dass Sie zufrieden(er) sein werden mit Ihrer Interaktions- und Beziehungsgestaltung. Die Auseinandersetzung mit den alltäglichen Interaktionsgelegenheiten sollte dauerhaft eine spannende und lustvolle Tätigkeit sein, denn Forschungsreisen sind nur sinnvoll, wenn man sie als spannend und lustvoll erlebt (auch wenn sie durchaus auch anstrengend sein können!).

Wie kann es also gelingen, dass GInA nicht in Vergessenheit gerät – dass Sie das Besondere, das in den Interaktionen mit Kindern im pädagogischen Alltag steckt, immer wieder sehen und wertschätzen können? Wir bieten Ihnen in diesem Kapitel neun Ideen zum Transfer an, die sich nach unserer Erfahrung bewährt haben. Probieren Sie sie einfach aus!

Eigene GInA-Experimente dokumentieren und teilen

Idee 1: GInA-Tagebuch anlegen

Legen Sie sich doch ein ganz persönliches GInA-Tagebuch an: Es wird Ihre „Schatzkiste" für besondere Momente der Interaktion, die Sie mit Kindern erlebt haben. Sie können hier neue Erkenntnisse festhalten, die Sie in der Auseinandersetzung mit den 22 Merkmalen gewonnen haben. Ein paar Hinweise haben wir ja bereits an der einen oder anderen Stelle aufgeführt, z. B.:

- ‚Zur Teilnahme einladen' (GInA-Merkmal 9): Nehmen Sie sich vor, die nächste Routinesituation bewusst dialogischer zu gestalten und Gespräche zwischen Kindern anzubahnen bzw. zu unterstützen. Versuchen Sie, zu moderieren und nicht zu dominieren. Setzen Sie bei den unmittelbaren Tätigkeiten und Interessen der Kinder an. Entwickelt sich ein wechselseitiger Dialog? Beziehen sich die Kinder aufeinander? Werden Blicke und/oder Worte gewechselt? Notieren Sie Ihre Erlebnisse!
- ‚Aufmerksam machen' (GInA-Merkmal 10): Wählen Sie, wenn es sich aus der Situation ergibt, eine kleine Kostprobe aus Ihrem Stärkenrepertoire: Malen Sie ein Bild oder

stimmen Sie ein Lied oder einen Reim an. Erzählen oder lesen Sie eine spannende Geschichte, machen Sie Seifenblasen oder konstruieren Sie spontan ein Bauwerk. Wichtig ist, dass Sie selbst echte Freude an Ihrem Tun haben. Beobachten Sie die Kinder und gehen Sie auf ihre Ideen ein. Was entwickelt sich? Halten Sie Ihre spontanen Beobachtungen und Gespräche fest!

- ‚Lebenswelten verknüpfen' (GInA-Merkmal 14): Überlegen Sie einmal, wie viel Sie von bzw. über die Familienwelten der Kinder wissen. Was erscheint Ihnen an diesen Familien interessant, ungewohnt, seltsam, fremd oder eigenartig? Haben Sie Lust, mehr von den Familien zu erfahren? Überlegen Sie allein oder im Team, in welcher Form Gespräche über die Lebenswelten der Kinder voller Wertschätzung und Akzeptanz initiiert werden könnten. Wenn Sie mögen, können Sie Ihre Ideen notieren.

Ein Tagebuch ist etwas Persönliches und Besonderes. Es begleitet einen über einige Zeit und stellt ein Gegenüber dar, mit dessen Hilfe man ins Gespräch mit sich selbst kommt. Es wird sorgfältig geführt, jedoch nicht „abgearbeitet". So sollten Sie auch das GInA-Tagebuch behandeln. Darin ist also Raum für Ihre Entdeckungen und Erklärungen, neue Ideen und Perspektiven, aber auch Fragen und Zweifel dürfen dort ihren Platz haben.

Das GInA-Tagebuch wurde in mehreren Praxisprojekten eingesetzt und hat sich als Begleiter von längeren Fortbildungsreihen bewährt. So könnten die Teilnehmer*innen dort auch besondere Gesprächserlebnisse mit Kindern über einen gewissen Zeitraum eintragen und damit als etwas Besonderes wertschätzen. Dies ist besonders sinnvoll, wenn man das Gefühl hat, im Alltag überhaupt nicht mehr dazu zu kommen, mit Kindern ins Gespräch zu finden. Sie könnten für Ihr Gesprächstagebuch eine „Einlage" nach folgendem Muster erstellen:

GInA-Gesprächstagebuch

Datum: .... Uhrzeit: ....

Gesprächsteilnehmer*innen:

Name: .... Alter: ....

Name: .... Alter: ....

Name: .... Alter: ....

Um was es ging *(möglichst wortgetreu)*:

....

....

....

....

....

Was mir noch dazu einfällt *(frühere Gespräche, Beobachtungen, Projekte, eigene Gedanken)*:

....

....

....

....

Was ich noch gerne dazu sagen oder wissen würde *(eine Frage, Impulse, mit dem Team/den Eltern sprechen)*:

....

....

Natürlich können Sie auch das GInA-Praxisbuch weiterführen: Welche Aspekte fallen Ihnen noch ein, wenn Sie sich weiter in die Methoden zur Gesprächsführung mit Kindern vertiefen? Welche Bezüge zur Inklusion und Partizipation erkennen Sie, die in diesem Praxisbuch zu kurz kamen? Wo sehen Sie Ergänzungen hinsichtlich Sprachbegleitung und Sprachförderung? Gibt es Möglichkeiten, wie GInA im Übergang zur Grundschule oder in Kooperationsprojekten von Kita und Grundschule sinnvoll verwendet werden kann?

Sie sehen: Die Beschäftigung mit der Gestaltung von Interaktionsgelegenheiten im Alltag ragt in sehr viele pädagogische Bereiche und Handlungsfelder hinein. Insofern hört GInA auch nie auf, und es wäre schön, wenn Sie Ihren eigenen Weg in Form eines GInA-Tagebuchs dokumentieren. Sie können es auch für den Austausch mit anderen nutzen, dies ist aber kein Muss!

Idee 2: Filmsequenzen zeigen und erklären

In Exkurs I haben wir bereits darauf hingewiesen, dass Filmsequenzen sehr persönliche Dokumente sind und die Gefilmten selbst entscheiden sollen, was mit den Sequenzen passiert. Niemand sollte dazu gezwungen werden, „sich zu zeigen". Dieser zentrale GInA-Grundsatz ist deswegen so wichtig, weil nur so eine brauchbare GInA-Szene (also eine Alltagssituation und keine „Inszenierung") entstehen kann. Zugleich sind Filmsequenzen jedoch so wertvoll, dass es auch schade wäre, wenn sie nicht weiterverwendet werden würden, z. B. im kollegialen Austausch mit den Teamkolleg*innen oder in Aus- oder Fortbildungseinheiten (eine entsprechende Freigabe der Filme für diese Zwecke vorausgesetzt). Wahrscheinlich haben Sie in der Arbeit mit fremdem Filmmaterial, das sie nach GInA-Merkmalen analysiert haben, schon festgestellt, wie sinnvoll es ist, Filmsequenzen nutzen zu können (vgl. die Filme „Momente fühlen", „Momente gestalten", zu finden unter www.zfkj.de/gina).

Mit dieser Idee möchten wir Ihnen deshalb Mut machen: Lassen Sie sich von eine*r Kolleg*in nach der GInA-Vorgehensweise filmen. Lassen Sie 2–3 Sequenzen (4-Minuten-Clips) von sich machen. Schauen Sie sich die Szenen selbst in Ruhe an. Entscheiden Sie dann, wann und wem Sie eine der Szenen zeigen möchten: Welche Szene gefällt Ihnen am besten? In welcher Szene gibt es Momente, in denen Sie und die beteiligten Kinder in einer intensiven Interaktion oder einem anregenden Gespräch sind? – Zeigen Sie Ihren Teamkolleg*innen diese Szene (erst als „Stummfilm", anschließend mit Ton). Sie werden staunen, welche Faszination ein solcher Film aus dem eigenen Haus auf Ihre Kolleg*innen haben wird. Selbst der-/diejenige, der/die Sie gefilmt hat, entdeckt in dem Film vermutlich neue Aspekte. Lassen Sie das Video einfach auf die anderen wirken. Lassen Sie sich offene Rückmeldungen geben: Was haben Sie beobachtet? Wenn Sie mögen und genügend Zeit zur Verfügung steht, können Sie auch die drei offenen Reflexionsfragen (vgl. Exkurs II, S. 92) stellen: Welche Gelegenheiten zur Interaktion können wir entdecken? Wie werden diese Gelegenheiten gestaltet (wie nehmen wir sie wahr)? Welche Wirkungen der Interaktion auf das Verhalten der Kinder erkennen wir?

Hinweis: Nehmen Sie die interessierten, positiven und wertschätzenden Bemerkungen Ihrer Kolleg*innen an und freuen Sie sich über das Feedback! Es ist eine angemessene Belohnung für den mutigen Schritt, sich im Team in dieser Weise zu öffnen.

Idee 3: GInA-Merkmale im Team vorstellen

Bei dieser Idee geht es darum, wie und wann man die GInA-Merkmale im Team vorstellen kann. Grundsätzlich ist dies zu jedem Zeitpunkt des eigenen Lernprozesses möglich: Warten Sie also gar nicht darauf, bis Sie sich als *der/die* GInA-Expert*in fühlen, sondern berichten Sie doch einfach einmal in einer Teamsitzung von der Methode, die Sie gerade kennenlernen und erproben. Und bieten Sie an, in einer der nächsten Teamsitzungen etwas dazu vorzustellen. Hierfür sollten Sie ca. 30 Minuten Zeit einplanen. Stellen Sie kurz die Ziele und das Verfahren von GInA vor. Orientieren Sie sich z. B. an der Geschichte von GInA (s. Kapitel 2) oder an dem Schaubild der GInA-Merkmale (s. Kapitel 2, S. 12).

Vielleicht schreiben Sie die wichtigsten Merkposten auf ein Poster:

GInA = Gestaltung von Interaktionsgelegenheiten im Alltag

Ziel: Videogestützte Beobachtung und Reflexion von Fachkraft-Kind-Interaktionen

3 Aspekte: Beziehung gestalten – Denken und Handeln anregen – Sprechen und Sprache anregen

22 GInA-Merkmale (siehe Karten als Download unter www.herder.de/extras)

Verteilen Sie dann die GInA-Karten im Raum – je nach Team- und Raumgröße können Sie mehrere kleine Gruppentische herrichten und jeweils einige GInA-Karten darauflegen. Sie können auch die Karten frei im Raum verteilen und zu einem „Gallery Walk" (einem Spaziergang durch den Raum, bei dem leise Gespräche möglich sind) einladen. Bitten Sie dann die Kolleg*innen, sich jeweils 1–2 der Merkmale zu nehmen und für sich allein die Rückseite (kurze theoretische Erläuterungen) zu lesen. Je nach Teamgröße könnten Sie anschließend zu einem Austausch über die Merkmale in Kleingruppen einladen oder Sie führen gleich im ganzen Team die ersten Eindrücke zusammen. Hier bieten sich folgende Fragen an:

- Welche Merkmale kommen in meinem eigenen Praxisalltag (sehr) häufig vor?
- Welche Merkmale interessieren mich aus fachlicher und alltagspraktischer Hinsicht?
- Mit welchen Merkmalen möchte ich mich näher auseinandersetzen?

Wenn Sie mögen, können Sie diese Ergebnisse festhalten (mögliche Themen für eine nächste Teamsitzung oder einen Konzeptionstag). Abschließend könnten Sie von Ihren bisherigen Erfahrungen in der Arbeit mit den GInA-Merkmalen berichten. Bemerken Sie beispielsweise immer mehr Merkmale in Ihrem Alltag, je stärker Sie sich mich GInA beschäftigen? Was war für Sie selbst neu; welche Aspekte in der Interaktionsgestaltung mit Kindern sind Ihnen bewusster geworden? Was bringt Ihnen Zufriedenheit und Freude, wenn Sie Interaktionsgelegenheiten rückblickend betrachten?

Geben Sie auch ruhig einen Ausblick auf die Arbeit mit den GInA-Merkmalen auf der Grundlage einer Filmsequenz. Hier wird der eigentliche Gewinn der kriteriengeleiteten Analyse noch sichtbarer.

GInA für Anleitung und Coaching nutzen

Idee 4: Bei Anleitung und Coaching ressourcenorientiert vorgehen

Das GInA-Verfahren – von der Videografie bis hin zur Auswertung mit den 22 GInA-Merkmalen (vgl. die 6 GInA-Arbeitsschritte, Exkurs II) – eignet sich gut für den Einsatz in der Praxisanleitung. So können sich Praktikant*innen oder Auszubildende in alltäglichen Interaktionen mit Kindern videografieren lassen und dieses Material in Gesprächen mit ihren Anleiter*innen bzw. Mentor*innen nutzen. Reflexionsgespräche nehmen die Wechselbeziehungen des Interaktionsverhaltens von Praktikant*innen und Kind(ern) differenziert in den Blick. Auf der Grundlage der Sequenzen können dann allgemeine Aspekte der Beziehungsarbeit als pädagogische Kernaufgabe reflektiert und die Selbstaufmerksamkeit für zentrale Gelingensfaktoren (GInA-Merkmale) erhöht werden.

Bei der Verwendung von Videosequenzen bei Anleitung und Coaching ist zu beachten, dass bei jungen, angehenden Fachkräften häufig eine große Unsicherheit über das „richtige" Verhalten in der pädagogischen Arbeit mit Kindern besteht. Diese wird mehr oder weniger offen kommuniziert und drückt sich – natürlich – auch in der tatsächlichen Gestaltung von Interaktionsgelegenheiten mit Kindern aus. Da anzunehmen ist, dass das Gefühl der Unsicherheit auch beim Gefilmt-Werden auftreten wird, soll eine ganz wichtige Voraussetzung für eine sinnvolle und wirksame Verwendung von GInA-Sequenzen an dieser Stelle wiederholt werden: Die Auswahl der Filmsequenzen liegt in der Hand der Auszubildenden selbst! Sie lassen sich filmen (es werden 2–3 Sequenzen aufgenommen) und entscheiden anschließend, über welche Szene sie mit dem/der Anleiter*in sprechen möchten.

Das ressourcenorientierte Prinzip von GInA gilt also auch in Anleitungsgesprächen! Man macht sich gemeinsam auf eine Forschungsreise in den Alltag, entdeckt mit einem offenen Blick besondere Momente der Interaktion und stellt ressourcenorientierte Fragen an das Material (also „Was können wir sehen?" – und nicht „Was können wir *nicht* sehen?"). Auf dieser Grundlage gelingt es, in ein vertieftes Reflexionsgespräch einzusteigen, in dem auch über weitere Möglichkeiten der Interaktionsgestaltung gesprochen werden kann – oder über bisher „ungenutzte" Gelegenheiten.

In offenen, wertschätzenden Gesprächen können auch Zweifel oder fachliche Fragen geklärt werden, beispielsweise, warum ein Gespräch sehr einsilbig oder einseitig verlief (weil möglicherweise dem Kind wenig Zeit für die Entwicklung und Äußerung seiner Ideen gegeben wurde) oder warum es zu Störungen kam. Das Gespräch stellt also kein „Verhaltenstraining" dar, bei dem schablonenhaft bestimmte Interaktionsmuster „eingeübt" werden. Vielmehr ist der Kompetenzzuwachs auf der Beobachtungs- und Reflexionsebene sowie in der engen Verknüpfung von theoretischem Wissen und Interaktionsgestaltung zu sehen.

Trotz der Vorteile der Videografie sollten sich die Gespräche nicht allein auf videogestützte Analysen beschränken – ebenso wichtig sind Alltagsbeobachtungen, weil sie den Tagesverlauf, grundlegende Aspekte der Interaktions- und Beziehungsgestaltung oder der Bildungs- und Lernangebote behandeln. Die videogestützten Auswertungsgespräche sollten daher nur sparsam, beispielsweise zu drei Zeitpunkten innerhalb des Anerkennungsjahres erfolgen. Dann sind sie hervorragend dazu geeignet, die Kompetenzentwicklung junger Nachwuchskräfte zu unterstützen.

Idee 5: Kollegiale Beratung als wertvolles Angebot konzipieren

Teams, die offen für eine kontinuierliche Qualitätsentwicklung auf der Grundlage der Methoden der kollegialen Beratung sind, können das GInA-Verfahren gut in ihren Methodenpool integrieren. Im Prinzip verläuft ein videogestütztes GInA-Gespräch wie unter Idee 4 beschrieben – nur diesmal in beide Richtungen: Jedes Teammitglied lässt sich von Zeit zu Zeit (vielleicht zweimal im Jahr) videografieren, sucht eine Sequenz aus und bietet diese als Grundlage für ein vertieftes Reflexionsgespräch an.

Mit zunehmender Erfahrung kann das GInA-Verfahren variiert werden. So können in einem Gespräch bestimmte GInA-Merkmale im Vordergrund der kollegialen Beratung stehen (z. B.: Woran erkennt man in der Sequenz, dass Sprechen und Sprache angeregt werden?, s. Exkurs II, S. 92 ff.). Dabei können auch eher kindzentrierte Fragen aufgegriffen werden: Wie hätte ich in dieser Situation das Interesse von Marcel vielleicht aufgreifen oder überhaupt gewinnen können? Wen habe ich in dieser Situation erreicht? Was waren meine Ziele?

Eine kollegiale Beratung orientiert sich grundsätzlich an den Fragen und Bedürfnissen der Beratenden. Im Gegensatz zu „Kriseninterventionen", bei denen es vielleicht um die Bearbeitung von Problem- oder Dilemmasituationen geht, ist GInA grundlegend stärkenorientiert angelegt. Um dieses Prinzip beizubehalten, wird nach Gelingensfaktoren gefragt: Was waren die Gründe dafür, dass eine 4-minütige Interaktion stattfinden konnte? Eine Erweiterung der interaktionsbezogenen Handlungskompetenzen im Team ist durch diese differenzierten, videogestützten Analysen in jedem Fall zu erwarten. Die Selbstaufmerksamkeit in der Gestaltung zukünftiger Situationen steigt und die Kompetenz, sich mit den Kolleg*innen darüber fachlich auszutauschen, wird zunehmen.

Die auf das GInA-Verfahren gestützte kollegiale Beratung kann auch einen guten Beitrag zu der allgemeinen Team- und Qualitätsentwicklung in der Einrichtung liefern: Indem Alltagssituationen besprochen werden, die alle Teammitglieder aus dem eigenen Alltag kennen, werden immer wieder auch Fragen zu den Kontextfaktoren dieser GInA-Szenen auftauchen: Warum war es in dieser Zeit möglich, sich vertieft mit den Kindern auszutauschen? Gab es Unterstützung durch Kolleg*innen, die die dafür notwendige dialogische Gruppenatmosphäre mitgestaltet und aufrechterhalten haben? Gab es vielleicht weniger Unterbrechungen durch Erwachsene als in anderen Situationen? Konnte man sich etwas mehr Zeit für tägliche Routinen lassen, weil man zuvor entsprechende Absprachen getroffen hatte? Haben sich die Kinder (mittlerweile) daran gewöhnt, auch mit den Fachkräften in intensive Spiele und Aktivitäten zu kommen? Werden (zunehmend) Lerngemeinschaften zwischen Kindern und Fachkräften eingegangen? Können Lebenswelten und Erinnerungen gestärkt werden, weil mehr über die Kinder und ihre Familien bekannt ist?

Diese Beispiele verdeutlichen, dass sich GInA bei jeder neuen Anwendung dazu eignet, auch grundsätzliche Fragen zu den pädagogischen Leitzielen und Grundsätzen zu stellen – dies gilt in besonderem Maße für die Stärkung von Dialog und Partizipation.

GInA für die Team- und Qualitätsentwicklung nutzen

Idee 6: Konzeptionstage mit GInA planen und durchführen

Planen Sie den Konzeptionstag in Ihrer Einrichtung doch einmal unter dem Motto „GInA – Gestaltung von Interaktionsgelegenheiten im Alltag" (oder schlagen Sie es Ihrem Leitungsteam vor).

Einstieg *(Zeit insgesamt: 15 Minuten; Material: Moderationskarten, Stifte)*
Ein Einstieg könnte z. B. eine Frage ans Team sein, die jede*r für sich selbst beantwortet – anschließend kann ein kurzes Blitzlicht zu den Gefühlen folgen.

Beispiel: *Erinnert ihr euch an eigene, besonders positive Interaktionserfahrungen in der letzten Zeit mit Kindern, Eltern, Teamkolleg*innen? Geht einmal in die Situation hinein und spürt dem Gefühl nach: Welche Gefühle löst das bei mir aus, wenn mir jemand, der mir etwas bedeutet, Zuwendung zeigt?*

GInA-Interview *(Zeit insgesamt: 30 Minuten; Material: Moderationskarten, Stifte)*
Ein weiterer, ressourcenorientierter Zugang zum Thema könnte ein wechselseitiges „GInA-Interview" sein: Interviewen Sie sich zu zweit gegenseitig über besondere Momente, also besonders intensive, positive Gesprächs-/Interaktionserlebnisse mit Kindern aus der letzten Zeit. Nehmen Sie sich dafür jeweils 3 Minuten Zeit. Stellen Sie anschließend in der Runde (oder bei großen Gruppen in zwei parallelen Runden) das Gesprächserlebnis ihre*r Interviewpartner*in vor und ergänzen Sie dies mit eigenen Beobachtungen/Bemerkungen.

Beispiel: *Meine Kollegin XY hat mir von einem besonderen Moment mit den beiden Kindern X und Y erzählt. Ich habe bei ihrer Beschreibung gemerkt, wie sehr sie sich über dieses Gespräch gefreut hat und wie berührt sie immer noch ist, obwohl es jetzt schon einige Zeit her ist. Mir ist aufgefallen, dass sie sich in dem Moment auch sehr viel Zeit für die beiden Kinder und ihre Anliegen genommen hat und mit Rückfragen sehr gut auf sie eingegangen ist. Überhaupt erlebe ich sie in meinem Alltag als sehr aufgeschlossene, aufmerksame Zuhörerin. In der Situation, die sie beschrieben hat, fällt mir auch auf, wie wichtig es ist, die Kinder zu einer neuen Aktivität zu ermutigen und sie zu bestärken …*

Anschließend hat die Interviewpartnerin das Wort und beschreibt/erläutert den besonderen Moment, der ihr gerade geschildert wurde. So kommen viele Momente intensiver Interaktion im Raum zu Wort, die zugleich noch durch die Benennung von Stärken im Team gewürdigt werden! (Dies ist eine sehr gute Methode, um Stärken hervorzubringen, ohne die eigenen benennen zu müssen.)

GInA-Merkmale *(Zeit insgesamt: 20–30 Minuten; Material: 22 GInA-Karten)*
Anschließend können Sie die 22 GInA-Merkmale im Raum auslegen und alle Teammitglieder je nach Teamgröße 1–2 Merkmale aussuchen lassen, die in dem Interview indirekt schon zu Wort kamen. Auf der Rückseite stehen kurze Erläuterungen zu den Merkmalen, die eine

fachliche Begründung dafür liefern, dass es sich im Sinne der kindlichen Entwicklung um ein relevantes Merkmal der Interaktionsgestaltung handelt.

Nun kann ein Austausch darüber erfolgen, wie wichtig GInA im jeweiligen Praxisalltag ist und wie man gemeinsam daran arbeiten kann, solche besonderen Momente häufiger gestalten bzw. berichten zu können. Anschließend kann auf die Methode der videogestützten Beobachtung und Reflexion hingewiesen werden. Man kann sich für das nächste Team vornehmen, eine GInA-Sequenz anzuschauen und mit offenen Fragen (vgl. S.92) bzw. den 22 GInA-Merkmalen (s. Anhang) ins Gespräch darüber zu kommen. Der Einstieg mit dem Team ist gemacht!

Idee 7: Videosequenzen im Team vorstellen – wie steigen wir im Team ein?

GInA-Sequenz *(Zeit insgesamt: 1,5 Stunden; Material: Laptop, Beamer, Videosequenz auf www.zfkj.de/gina, 22 GInA-Karten)*
Für die erste Vorstellung einer GInA-Videosequenz sollte ausreichend Zeit eingeplant werden (mind. 1,5 Stunden). Man kann die Erfahrungen der letzten Teamsitzung („GInA-Interview“) aufgreifen und daran anknüpfen. Bleiben Sie in dieser Teamsitzung aber ansonsten vollständig bei der Sequenz, die Sie zeigen (sie wird nicht aus der eigenen Einrichtung sein). Das Ziel dieser Einführung ist es, den Wert von Videografien für die Analyse und Reflexion kennenzulernen. Es erfolgt daher kein Transfer auf die eigene Kita-Praxis („Das ist bei uns aber alles anders“), sondern man löst sich bewusst von diesem Impuls, das Gesehene auf sich selbst oder den eigenen Alltag übertragen zu wollen.

Um dennoch Ideen/Anmerkungen/Fragen zur eigenen Praxis einen Platz zu geben, kann man einen sog. „Themenspeicher“ (z.B. auf Flipchart) anlegen. Hier werden alle Themen stichwortartig festgehalten, die man in Zusammenhang mit der Videosequenz zum Transfer hat (also auch mögliche Befürchtungen zur Videografie, technische Fragen etc.).

In einer nächsten Teamsitzung kann man dann auf diese Themen (oder einen Teil davon) systematisch eingehen. Die meisten Fragen werden sich aus den eigenen GInA-Erfahrungen ergeben (wenn Sie das Praxisbuch durchgearbeitet haben) oder über andere GInA-Veröffentlichungen (Weltzien, 2016) zu beantworten sein. Einige Fragen erfordern Teambeschlüsse oder auch Leitungsentscheidungen. Diese können wichtige Anstöße für die weitere Qualitätsentwicklung in der Einrichtung sein.

Idee 8: GInA prozessbegleitend einsetzen – mit kindbezogenen Beobachtungen und Fallbesprechungen verknüpfen

Das GInA-Verfahren unterscheidet sich deutlich von kindbezogenen Beobachtungsverfahren wie den Bildungs- und Lerngeschichten (Leu et al., 2007) oder infans (Andres & Laewen, 2006) und sollten nicht verwechselt werden: Bei GInA wird mithilfe der Videokamera eine dritte Perspektive auf ein Geschehen eingenommen und der Blick richtet sich anschließend auf das eigene Interaktionsverhalten. Das Verhalten der beteiligten Kinder ist zwar relevant, weil es beispielsweise die besondere Intensität einer gemeinsamen Aktivität verdeutlicht oder zeigt, ob und in welcher Weise Impulse „ankamen“. Bei kindbezogenen Beobachtungsverfahren richtet sich der Blick aber auf die Interessen und Themen der Kinder, ihre Engagiertheit und auf ihre Kompetenzen, Herausforderungen zu meistern, um nur einige Beispiele zu nennen. GInA-Beobachtungen können solche kindbezogenen Verfahren also nicht ersetzen. Allerdings gibt es natürlich die Möglichkeit, auch GInA-Filme nach kindbezogenen Verfahren auszuwerten. Dann wird beispielsweise danach gefragt: Wo liegt das (eigentliche) Interesse des Kindes in dieser Situation? Wie zeigt sich die Engagiertheit des Kindes innerhalb der Gruppe der beteiligten Kinder? Welche Strategien hat das Kind zur Verfügung, um eigene Ideen oder Vorhaben umzusetzen? Wie kommuniziert es darüber mit anderen usw.?

Warum sollte man also das wertvolle Material der GInA-Filme nicht dazu nutzen, eine „gemeinsame Lerngeschichte“ zu schreiben und sie den Kindern für ihr Portfolio zu schenken? Darin können, ebenso wie andere Meilensteine der Kinder, auch die besonderen Momente alltäglicher Interaktionen festgehalten werden – gerade wenn es sich um die ersten Gespräche mit den Kindern handelt. Denn der emotionale Gehalt der alltäglichen Kontakte ist das Beziehungspotenzial, das für die weitere Entwicklung der Kinder, ihr Wohlbefinden und das Gefühl, in positiven und verlässlichen Kita-Beziehungen eingebettet zu sein, so wertvoll ist. Wir möchten Sie daher gerne ermutigen, auch aus Ihren GInA-Erfahrungen heraus Lerngeschichten für die Kinder zu schreiben. Denken Sie daran, dass dann die Kinder im Mittelpunkt stehen. Wie z. B. in dieser Lerngeschichte für Maryam:

Liebe Maryam,
weißt Du noch, wie wir uns gestern unterhalten haben am Mittagstisch? Wir saßen ganz zufällig nebeneinander und haben uns mit Kartoffeln und Gurken-Hackfleisch-Soße gestärkt. Mmhh lecker! Du hast mir ein paar Kartoffeln auf den Teller gegeben und Dir selbst auch welche. Dann hast Du uns noch mit der Soße versorgt – mir hast Du ganz viel auf die Kartoffeln gegeben und Dir nur ein ganz klein bisschen, um erst mal zu probieren, stimmt's? Aber ich glaube, sie hat Dir gut geschmeckt. Du hast alle fünf Kartoffelstücke aufgegessen. Ja und beim Essen haben wir uns dann ganz ausführlich unterhalten. Von den Erlebnissen an dem Morgen, von den Spielen, die Du gespielt hast, und von zu Hause. Du hast mir von dem Baby erzählt, auf das Du manchmal aufpasst, damit es nicht zu hoch die Treppe heraufklettert. Weißt Du noch?
Naja und dann haben wir uns noch darüber ausgetauscht, wie man am besten Kartoffeln klein machen kann, damit man sie besser in den Mund bekommt. Du hast nämlich eine andere Technik als ich. Also, Du hast die Kartoffeln mit der Kante von der Gabel durchgeschnitten und ich habe die Kartoffeln mit der Spitze von der Gabel angepikst und dann zerteilt. Geht beides, haben wir festgestellt. Und schmeckt beides gut! Wir hatten uns ganz schön viel zu erzählen an dem Morgen. Wir haben viel gelacht, und es hat sehr viel Spaß gemacht, neben Dir am Tisch zu sitzen und Kartoffeln zu essen.

Idee 9: Mit GInA typische Gelingens- und Hemmfaktoren identifizieren – Strukturen und Abläufe in den Blick nehmen

Das GInA-Verfahren eignet sich auch dafür, im Team systematisch nach Gelingens- und Hemmfaktoren zu suchen, die zu einem bestimmten – im Film dokumentierten – Verlauf einer Fachkraft-Kind-Interaktion beigetragen haben. Eine Einstiegsfrage könnte sein: Warum gelang es der Fachkraft, über die gesamte Situation hinweg interessiert und engagiert zu sein? Welche Gelingensfaktoren können wir dafür finden?

Denn: Auch wenn alltägliche Interaktionen immer spontan entstehen, lässt sich ihr Gelingen auch auf typische Faktoren zurückführen. Die Situation, die beteiligten Personen, die gemeinsamen oder parallelen Handlungen weisen eine hohe Passung auf: Interessen und das Bedürfnis nach Kooperation treffen aufeinander, die Zeit ist günstig, der Ort, der Raum oder das Setting scheint sich dafür zu eignen, dass genau dieses Gespräch dort stattfindet. Auch werden Interaktionen dann als „gut" erlebt, wenn die Störfaktoren vergleichsweise gering sind: Wenn es wenig Probleme oder Konflikte gibt bzw. diese gut gelöst werden können, wenn es wenig Unterbrechungen gibt bzw. die Interaktion nach einer Unterbrechung problemlos wieder aufgenommen werden kann. Eine Interaktion wird auch dann als gelungen erlebt, wenn eine emotionale Nähe hergestellt werden konnte (gemeinsames Lachen, Staunen etc.). Schließlich wird eine Interaktionssituation auch dann als gut befunden, wenn man sich selbst in diesem Gespräch als authentisch, kongruent, selbstbestimmt und kompetent handelnd erlebt hat (Weltzien, 2016).

Wenn Sie also in einer Teamsitzung mit GInA-Sequenzen arbeiten und diese mithilfe offener Fragen und der 22 GInA-Merkmale auswerten, werden Sie sich im Anschluss folgenden – auch zukunftsbezogenen – Aspekten widmen können:

1. Wie wird das emotionale Klima in der Gruppe erlebt (ganz konkret in der GInA-Sequenz)? Entspannt? Ruhig? Konzentriert? Engagiert? Lebendig?
2. Wie wird der Raum/Ort erlebt, in dem die Interaktion stattfand? War es ein gesprächsförderliches Setting? Warum?
3. Wie gelang es (trotz Schwierigkeiten/Störungen), das geplante Vorhaben umzusetzen bzw. zu Ende zu führen? Gab es ausreichend Zeit? Gab es Unterstützung durch andere?
4. Wie können diese Gelingensfaktoren beibehalten oder auch in anderen Situationen, mit anderen Kindern etc. beachtet werden?
5. Können (auch kleine) Veränderungen in den Strukturen und Tagesabläufen dazu beitragen, den Alltag zu entzerren?
6. Können wir durch (kleine) Veränderungen in den Zuständigkeiten und Funktionen und durch eine gegenseitige Beachtung und Wertschätzung von Gesprächen mit Kindern dazu beitragen, dass der Alltag dialogischer wird?

Je größer das gemeinsame Bewusstsein im Team dafür ist, dass alltägliche Aktivitäten und Spiele mit Kindern immer auch Gelegenheiten für intensive Interaktionen bieten, desto größer ist die Wahrscheinlichkeit, solche Gelegenheiten im Alltag auch tatsächlich zu finden und kompetent zu gestalten.

6 Rückblick und Ausblick: Was nehmen Sie mit?

Wie geht es Ihnen nun mit dem GInA-Verfahren? Wie viel Lust haben Sie, mit GInA weiterzuarbeiten und es auch anderen „anzubieten"? Wir möchten Sie in diesem letzten Kapitel ermutigen, sich etwas Zeit zu nehmen und Ihre bisherigen Erfahrungen zu sammeln und zu bewerten. „Bewerten" ist nicht im Sinne von Schulnoten gemeint, sondern als „einen Wert zusprechen". Verwenden Sie die folgenden Fragen gerne als Impulse für Ihren ganz persönlichen Rückblick und Ausblick:

1. Wenn ich an meine GInA-Forschungsreise zurückdenke, fallen mir drei Begriffe spontan ein:

   ....

   ....

   ....

2. An dem GInA-Verfahren hat mich besonders interessiert/begeistert:

   ....

   ....

   ....

3. In der Auseinandersetzung mit meinen eigenen GInA-Beobachtungen fand ich bemerkenswert, dass:

   ....

   ....

   ....

4. Die ersten Erfahrungen, die ich zusammen mit anderen mit dem GInA-Verfahren (oder einzelnen Aspekten) gemacht habe, würde ich folgendermaßen beschreiben:

   ....

   ....

   ....

5. Meine nächsten Schritte mit dem GInA-Verfahren werden sein:

....

....

....

6. In meiner persönlichen Weiterentwicklung des GInA-Verfahrens werde ich mich auch mit folgenden Fragen auseinandersetzen:

....

....

....

Wir danken Ihnen herzlich für die gemeinsame Zeit und freuen uns über ein Feedback in jeder Form!

Herzlichst
Dörte Weltzien
Christina Bücklein
Anne Huber-Kebbe

Literatur

Ahnert, L. (2007). Von der Mutter-Kind- zur Erzieherinnen-Kind-Bindung? In: F. Becker-Stoll & M.R. Textor (Hrsg.), Die Erzieherin-Kind-Beziehung (S. 31–41). Berlin: Cornelsen.

Ahnert, L., Pinquart, M. & Lamb, M.E. (2006). Security of Children's Relationships With Nonparental Care Providers: A Meta-Analysis. Child Development, 74 (3), 664–679.

Andres, B. & Laewen, H.-J. (2006). Arbeitshilfe für Bildung und Erziehung in Kindertageseinrichtungen. Die Handreichung zum infans-Konzept der Frühpädagogik. Karlsruhe: KVJS Eigenverlag.

Bandura, A. (1986). Social Foundations of Thought and Action: A Social Cognitive Theory. Englewood Cliffs, NJ: Prentice Hall.

Bandura, A. (1997). Self-efficacy: The exercise of control. New York: Freeman.

Booth, C.L., Kelly, J.F., Spieker, S.J. & Zuckerman, T.G. (2003). Toddlers' Attachment Security to Child-Care Providers: The Safe and Secure Scale. Early Education & Development, 14 (1), 83–100.

Bowlby, J. (1969). Attachment and Loss. Attachment (Vol. 1). London: Hogarth Press. (Deutsche Ausgabe: Bowlby, J. (1975). Bindung. München: Kindler.)

Carr, M. & Claxton, G. (2002). Tracking the Development of Learning Dispositions. Assessment in Education, 9 (1), 9–37.

De Wolff, M.S. & Van IJzendoorn, M.H. (1997). Sensitivity and Attachment: A Meta-Analysis on Parental Antecedents of Infant Attachment. Child Development, 68 (4), 571–591.

Fröhlich-Gildhoff, K. (2016). Ausgangspunkte: Das Selbst als handlungsleitende Struktur. In: K. Fröhlich-Gildhoff, C. Mischo & A. Castello (Hrsg.), Entwicklungspsychologie für Fachkräfte in der Frühpädagogik (2. vollst. überarb. Aufl.) (S. 30–40). Kronach: Carl Link/Wolters Kluwer.

Fröhlich-Gildhoff, K., Hoffer, R. & Bensel, J. (2017). INNOPÄD U3 – Ergebnisse der wissenschaftlichen Begleitung des Programms. https://www.bwstiftung.de/uploads/tx_news/Schriftenreihe_U3_final_web.pdf [Zugriff am 24. Februar 2018].

Fröhlich-Gildhoff, K. & Rönnau-Böse, M. (2014). Resilienz (3. akt. Aufl.). München: Reinhardt/UTB.

Fröhlich-Gildhoff, K., Rönnau-Böse, M. & Tinius, C. (2017a). Herausforderndes Verhalten in Kita und Grundschule: Erkennen, Verstehen, Begegnen. Stuttgart: Kohlhammer.

Fröhlich-Gildhoff, K., Rönnau-Böse, M. & Tinius, C. (2017b). Herausforderndes Verhalten von Kindern professionell bewältigen. Ein Curriculum für die Weiterbildung pädagogischer Fachkräfte in Kindertageseinrichtungen. Materialien zur Frühpädagogik Band 20. Freiburg: FEL.

Hart, C.H., Newell, L.D. & Olsen, S.F. (2003). Parenting skills and social/communicative competences in childhood. In: J.O. Greene & B. R. Burleson (Eds.), Handbook of communication and social interaction skill (pp. 753–797). Hilsdale, NJ: Erlbaum.

Kochanska, G. (1999). Coding manual for child compliance: mother discipline project. Iowa City: University of Iowa.

Kucharz, D., Mackowiak, K. & Beckerle, C. (2015). Alltagsintegrierte Sprachförderung. Ein Konzept zur Weiterqualifizierung in Kindergarten und Grundschule. Weinheim: Beltz.

Laevers, F., Vandenbussche, E., Kog, M. & Depondt, L. (1999). Beobachtung und Begleitung von Kindern. Centre for Experiential Education. Leuven.

Leu, H. R. (1998). Zum Konzept der wechselseitigen Anerkennung. In: Ministerium für Bildung, Jugend und Sport des Landes Brandenburg (Hrsg.), Auf dem Weg zu einem Bildungsauftrag von Kindertageseinrichtungen. Unter: http://www.mbjs.brandenburg.de/media_fast/4113/doku_tagung_1998_bildungsauftrag.pdf [Zugriff am 30.12.2016].

Leu, H.R., Fläming, K., Frankenstein, Y., Koch, S., Pack, I., Schneider, K. & Schweiger, M. (2007). Bildungs- und Lerngeschichten. Bildungsprozesse in früher Kindheit beobachten, dokumentieren und unterstützen. Weimar Berlin: verlag das netz.

Ministerium für Kultus, Jugend und Sport Baden-Württemberg (2015). Datenschutzbroschüre. Datenschutz in Kindertageseinrichtungen (3. erw. u. überarb. Aufl.). Unter: http://www.kindergaerten-bw.de/site/pbs-bw-new/get/documents/KULTUS.Dachmandant/KULTUS/Projekte/kindergaerten-bw/datenschutz/KM-KIGA_Datenschutz_DEUTSCH.pdf [Zugriff am 24.02.2018].

Mogel, H. (2008). Psychologie des Kinderspiels: Von den frühesten Spielen bis zum Computerspiel (3. akt. u. erw. Auflage). Berlin: Springer.

Premack, D. & Woodruff, G. (1978). Does the chimpanzee have a theory of mind? Behavioral & Brain Sciences, 1 (4), 515–526.

Rönnau-Böse, M. & Fröhlich-Gildhoff, K. (2015). Resilienz und Resilienzförderung über die Lebensspanne. Stuttgart: Kohlhammer.

Rogers, C.R. (1959/1991). Eine Theorie der Psychotherapie, der Persönlichkeit und der zwischenmenschlichen Beziehungen (3. Aufl.). Köln: GwG-Verlag.

Sorce, J., Emde, R., Campos, J. & Klinnert, M. (1985). Maternal emotion signaling: Its effect on the visual cliff behavior of 1-year-olds. Developmental Psychology, 21, 195–200.
Skinner, E. A., Kindermann, T. A. & Furrer, C. J. (2009). A Motivational Perspective on Engagement and Disaffection: Conceptualization and Assessment of Children's Behavioral and Emotional Participation in Academic Activities in the Classroom. Educational and Psychological Measurement, 69 (3), 493–525.
Sylva, K., Melhuish, E., Sammons, P., Siraj-Blatchford, I. & Taggart, B. (2004). The effective provision of pre-school education (EPPE) Project: Findings from Pre-school to end of Key Stage 1. http://dera.ioe.ac.uk/8543/7/SSU-SF-2004-01.pdf [Zugriff am 24. Februar 2018].
Tomasello, M. (2011). Die Ursprünge der menschlichen Kommunikation. Frankfurt a. M.: Suhrkamp.
Tomasello, M. (2012). Warum wir kooperieren (2. Aufl.). Berlin: Suhrkamp.
Weltzien, D. (2013). Erfassung von Interaktionsgelegenheiten im Alltag – erste Ergebnisse der Entwicklung und Überprüfung des Beobachtungsverfahrens GInA. In: K. Fröhlich-Gildhoff, I. Nentwig-Gesemann, A. König, U. Stenger, D. Weltzien (Hrsg.), Forschung in der Frühpädagogik Band 6. Freiburg: FEL.
Weltzien, D. (2014). Pädagogik: Die Gestaltung von Interaktionen in der Kita. Merkmale – Beobachtung – Reflexion. Weinheim und Basel: Beltz/Juventa.
Weltzien, D. (2016). Interaktions- und Beziehungsgestaltung mit Kindern. Freiburg: Herder.
Weltzien, D. & Bücklein, C. (2015). 1, 2, 3 – Die Jüngsten im Blick. Abschlussbericht der wissenschaftlichen Begleitung. Freiburg: FEL.
Weltzien, D., Fröhlich-Gildhoff, K., Rönnau-Böse, M. & Wünsche, M. (2016). Gefühl und Mitgefühl von Kindern begleiten und fördern. Eine Handreichung zur Umsetzung des Orientierungsplans für Kindertageseinrichtungen in Baden-Württemberg. Freiburg: Herder.
Weltzien, D., Fröhlich-Gildhoff, K., Strohmer, J., Rönnau-Böse, M., Wünsche, M., Bücklein, C., Hoffer, R. & Tinius, C. (2017). Gestaltung von Interaktionen – Ein videogestütztes Evaluationsinstrument. Manual. Weinheim und Basel: Beltz/Juventa.
Wood, D., Bruner, J. S. & Ross, G. (1976). The role of tutoring in problem solving. Journal of Child Psychology and Psychiatry, 17 (2), 89–100.
Wygotski, L. S. (1980). Das Spiel und seine Bedeutung in der psychischen Entwicklung des Kindes. In: D. Elkonin (Hrsg.), Psychologie des Spiels (S. 454–458). Berlin: Volk und Wissen.

Texte und Gedichte

Becker-Textor, I. (Hrsg.) (2001): Kinder lernen schöpferisch. Die Grundgedanken für den Erziehungsalltag mit Kleinkindern. Freiburg, Basel, Wien: Verlag Herder.
Ende, M. (1973, S. 15). Momo. Stuttgart: Thienemann Verlag.
Franz, Margit (2016). „Heute wieder nur gespielt." – und dabei viel gelernt. München: Don Bosco.
Freinet, E. (1985). Erziehung ohne Zwang. Der Weg Célestin Freinets. Stuttgart: Klett-Cotta.
Kazemi-Veisari, E. (2004). Kinder verstehen lernen. Wie Beobachtung zu Achtung führt. TPS profil (S. 22–23). Stuttgart, Seelze: Klett-Kallmeyer.
Lindgren, A. (1986). Als Klein-Ida auch mal Unfug machen wollte. Hamburg: Verlag Friedrich Oetinger.
Malaguzzi, L. (2002). Hundert Sprachen hat das Kind. Neuwied: Luchterhand.
Scheffler, A. & Donaldson, J. (2002). Der Grüffelo. Weinheim: Beltz.
Schulz von Thun, F. (1981). Miteinander Reden. 1: Störungen und Klärungen. Reinbek bei Hamburg: Rowohlt.

Filmmaterial

Momente fühlen. Gefühl und Mitgefühl von Kindern begleiten und fördern. Videografien von Stephan Ferdinand. Kultusministerium Baden-Württemberg. Stuttgart. 2014.
Momente gestalten. Dialoge in Kitas. Ein Film von Stephan Ferdinand. Kultusministerium Baden-Württemberg. Stuttgart. 2014.

Die Autorinnen

Prof.in Dr.in Dörte Weltzien
Dörte Weltzien, promovierte Sozialwissenschaftlerin, ist Professorin für Pädagogik der Kindheit an der Evangelischen Hochschule Freiburg.

Christina Bücklein
Christina Bücklein, Kindheitspädagogin M.A. und Dipl.-Sozialpädagogin, ist seit 2006 in der Fort- und Weiterbildung von pädagogischen Fachkräften tätig.

Anne Huber-Kebbe
Anne Huber-Kebbe, Erzieherin und Dipl.-Sozialpädagogin, engagiert sich seit vielen Jahren in dialogischer Qualitätsentwicklung (Kronberger Kreis), entwickelt und leitet Projekte im Rahmen von Bildungsförderung und ist aktiv in der Fort- und Weiterbildung pädagogischer Fach- und Leitungskräfte.